LA SICILE

NOTES ET SOUVENIRS

PAR

ROGER LAMBELIN.

OUVRAGE ILLUSTRÉ DE 17 GRAVURES HORS TEXTE.

La Porte Neuve à Palerme.

Société de Saint-Augustin,

DESCLÉE, DE BROUWER ET Cⁱᵉ,

LILLE-PARIS. — MDCCCXCIV.

LA SICILE

NOTES ET SOUVENIRS.

LA SICILE

NOTES ET SOUVENIRS

PAR

Roger LAMBELIN.

OUVRAGE ILLUSTRÉ DE DIX-SEPT GRAVURES HORS TEXTE.

La Porte Neuve à Palerme.

Société de Saint-Augustin,

DESCLÉE, DE BROUWER ET Cie

LILLE-PARIS. — MDCCCXCIV.

Vue de Palerme.

Chapitre Premier.

PALERME.

12 Février.

IL faut treize ou quatorze heures pour se rendre par mer de Naples à Palerme, et les paquebots de la Compagnie de navigation générale italienne font entre les deux villes un service quotidien.

On quitte Naples à cinq heures du soir ; le panorama de la rade se déroulerait merveilleux devant nous... si le temps était beau : malheureusement de gros nuages plombés coiffent le sommet des montagnes et mettent dans la pénombre les contours du golfe. On ne distingue plus les maisons blanches, roses et jaunes de Pozzuoli, de Castellamare, de Sorrente, et la brume envahit les côtes déchiquetées de Capri, que nous longeons pourtant de bien près.

Le vent souffle du nord-est et actionne la houle avant même qu'on ait doublé la pointe de Vitareto.

La *Candia* tient bien la mer ; c'est un vieux vapeur d'environ 600 tonneaux. On l'a récemment muni d'une machine à triple expansion et aménagé d'une façon assez confortable; il fait en moyenne ses onze nœuds à l'heure.

On dîne gaîment à la table du bord que préside le capitaine, un ancien soldat de Garibaldi, très fier d'avoir fait la campagne de 1859; puis on s'enveloppe de son manteau et l'on monte sur le pont. La houle augmente d'amplitude, la brise fraîchit sensiblement; quelques étoiles percent la voûte céleste; et, dans les lointains, au faîte du Vésuve — depuis plusieurs jours en travail — la fumée blanche qui s'échappe en lourds flocons s'éclaire de flammes rouges. Mais les embruns vous éclaboussent d'une façon désagréable, les rafales de vent vous cinglent le visage et chacun regagne sa cabine. Les couchettes sont fort dures; quelques passagers italiens ont la fâcheuse inspiration de se grouper dans le salon autour d'un piano pour entonner des chansons napolitaines. Aussi a-t-on bien du mal à s'endormir et peu de mérite, lorsque poind le jour, à s'habiller rapidement et à remonter sur la dunette.

Le décor matinal est réellement délicieux: A gauche, au-dessus du promontoire rocheux de Zaffarano, volent de légers nuages gris auréolés de rose par les premiers feux de l'aurore; vers la droite, le ciel est pur, de ce bleu pâle qui caractérise les fins d'orage et dont connaissent bien la nuance tendre tous ceux qui ont navigué sur la Méditerranée. On perçoit nettement les crêtes dénudées du mont

Pellegrino, le phare et la batterie du port, le môle de la porte Felice, et Palerme apparaît bientôt, baignée de lumière, ceinte de sa « Conque d'or » qu'encastre un hémicycle de hautes montagnes grises.

Je vous fais grâce des ennuis inséparables du débarquement : transport dans un canot, longue station à la douane, colloques animés avec les *facchini* qui se disputent vos bagages, et avec les « portiers » qui vous entourent en criant et gesticulant pour vous faire monter dans l'omnibus de leur hôtel... C'est une mauvaise heure à passer.

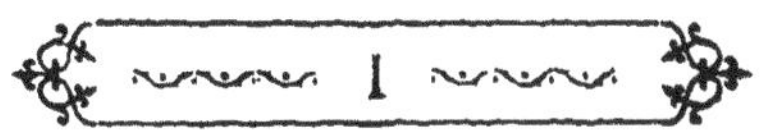

Les origines de Palerme remontent à la plus haute antiquité. Huit ou neuf siècles avant l'ère chrétienne, les Phéniciens, intrépides marins et habiles commerçants, établirent des comptoirs sur la côte occidentale de la Sicile qu'habitaient les *Sicani*, de race ibérique ou celtique. La large baie qui s'épanouissait à l'embouchure de l'Oreto, au pied du mont *Ercta* (Pellegrino), leur fournit un excellent port de relâche ; ils peuplèrent et agrandirent la petite ville érigée le long de la côte, et lui donnèrent le nom significatif de Πανορμος (Palerme).

Les luttes acharnées qu'engagèrent les Grecs et les Phéniciens permirent aux Carthaginois de s'implanter en

Sicile ; ils s'emparèrent de Palerme et en firent la base de leurs opérations navales dans la mer Tyrrhénienne. C'est dans sa rade que s'abritèrent les deux cents trirèmes de la flotte punique, à l'époque de la guerre contre Himera, et Imilcone y concentra ses forces avant d'aller combattre Denys, tyran de Syracuse. En l'an 276, les Syracusains firent appel à leur allié Pyrrhus, roi d'Épire, qui parvint à s'emparer de la ville rivale, mais ne put s'y maintenir longtemps. Ces guerres, longues et sanglantes, n'étaient que le prologue du terrible drame qui allait se jouer, sur cette terre si convoitée de Trinacria, avec Rome et Carthage pour acteurs principaux.

Les consuls Cornelius et Attilius viennent en 254 mettre le siège devant Palerme ; ils forcent l'entrée du port, et s'emparent successivement des deux parties de la cité : Neapoli et Paleopoli. Six ans après, les Carthaginois chargent Asdrubal, à qui ils confient une formidable armée et cent éléphants, de reprendre la ville, mais il est battu sur les rives de l'Oreto. S'il faut en croire Polybe, les habitants, préférant le joug de Rome à celui de Carthage, prirent une part importante à la bataille, et leur intervention décida du sort de la journée. Une suprême tentative fut faite quelques années plus tard par Amilcar Barca, mais elle échoua. Palerme était désormais une ville romaine, et, au partage des Empires, elle releva de l'empire d'Orient.

Pendant que saint Paul jetait à Syracuse les premières semences du christianisme, saint Philippe, envoyé par saint Pierre, prêchait l'Évangile à Palerme. L'Église de Sicile devint vite florissante, et les Souverains-Pontifes la placèrent sous la juridiction directe du Saint-Siège.

Survinrent les grandes invasions des Barbares. En 440, Genséric, roi des Vandales, emporta Palerme d'assaut et en fit la capitale d'un royaume éphémère qu'il abandonna à Odoacre, et que conquit Théodoric, chef des Goths. Bélisaire s'empara de la ville en 535 et la rendit à l'empire byzantin, auquel elle appartint encore pendant trois cents ans, c'est-à-dire jusqu'à l'époque des grandes invasions arabes.

Assad-ben-el-Forat débarqua en l'an 827 à Mazzara, et les Arabes poursuivirent, avec une indomptable énergie, la conquête du territoire sicilien. Palerme résista pendant une année et perdit la moitié de ses habitants avant que pût flotter sur ses murs l'étendard du Prophète. La cité, instituée d'abord en colonie musulmane indépendante, fut plus tard rattachée au califat des Fatimites africains et devint la capitale de l'île.

Ses maîtres la développèrent et l'embellirent ; de nouveaux faubourgs s'élevèrent au-delà de Papireto ; on fortifia la Galca, et sur les ruines de Napoli fut bâtie une ville nouvelle, ceinte de murs, ornée d'élégantes mosquées, qu'on baptisa : *Kalesa*, c'est-à-dire : *Élue*.

Palerme devint l'émule de Cordoue et du Caire ; elle compta jusqu'à 400.000 habitants, et donna le jour au poète Ibn Hamdis et au célèbre géographe Edrisi. Mais la civilisation arabe était à son déclin, et les peuples chrétiens allaient reprendre l'offensive. Georges Maniace, envoyé par l'empereur Michel Paflagon, prépara les voies où s'engagèrent les aventuriers normands, déjà maîtres des Pouilles.

C'est une prestigieuse épopée que celle de Robert Guiscard, fils de Tancrède de Hauteville, qui, après s'être fait proclamer comte des Pouilles, s'empara de la Calabre et entreprit la conquête de la Sicile. Il mit une première fois le siège devant Palerme en 1063, mais inutilement ; il revint huit ans plus tard, et, après une héroïque résistance de cinq mois, la place se rendit. Il avait soumis à son autorité les principautés de Bénévent, d'Amalfi et de Salerne, chassant les Grecs de toutes leurs possessions italiennes. Ces succès le grisèrent ; il fit voile vers l'Orient, s'empara de Corfou, de Butrinto et de Durazzo. Cependant Henri IV, empereur des Allemands, envahissait l'Italie et menaçait Rome ; Robert Guiscard revint en toute hâte, força l'armée impériale à rebrousser chemin, et délivra le pape Grégoire VII ; puis il retourna batailler contre les Grecs et trouva la mort dans l'île de Céphalonie.

Le fils de cet aventurier de génie, Roger, hérita de

Palerme, qui fut ensuite dévolue à son cousin Roger II. Celui-ci étendit son pouvoir sur Naples et sur certains points du littoral africain ; et, le 25 décembre 1130, malgré l'opposition du Pape et des empereurs d'Orient et d'Allemagne, il se fit proclamer à Palerme chef d'une monarchie indépendante et prit le titre de *roi de Sicile et d'Italie*.

Aux descendants directs de Roger II, Guillaume Ier et Guillaume II, succéda un roi élu, Trancrède ; mais une révolution donna le trône à Henri de Souabe, mari d'une fille de Roger, Constance. A sa mort, Innocent III, tuteur de son fils et suzerain du royaume, mit tout en œuvre pour assurer la Sicile au jeune Frédéric, qui devait ceindre plus tard la couronne impériale. C'est à la cour de Palerme, sous le règne de ce prince, que la langue italienne se forma et fixa sa grammaire ; le roi et ses courtisans écrivirent un grand nombre de poèmes ; les sciences et les arts se développèrent en même temps que les lettres.

La période qui s'étend de 1237 à la mort de Frédéric II, est une des plus agitées du XIIIe siècle. L'empereur, souverain maître de l'Allemagne, de l'Italie du sud et de la Sicile, voulut briser la ligue lombarde, qui seule pouvait défendre encore l'indépendance de la péninsule. Il fut victorieux à Corte Nuova, entra dans Lodi et Vercelli et fit le siège de Brescia.

C'est alors qu'intervint le Saint-Siège. Depuis long-temps Frédéric avait lassé la patience des Souverains-Pontifes ; outre ses faux-fuyants et ses parjures au sujet de la Croisade dont il avait promis de prendre le commandement, il incarcérait les légats, maltraitait les prêtres, empêchait qu'il fût pourvu à la vacance des sièges épiscopaux, excitait la population de Rome contre le Pape, soudoyait les Sarrasins en Sicile, et prétendait disposer du royaume de Sardaigne, vassal direct du Saint-Siège.

En vain, Grégoire IX avait épuisé les supplications et les remontrances, il se vit forcé, pour sauvegarder la liberté et les droits du Saint-Siège, de recourir à d'autres moyens. Il s'allia avec les Génois et les Lombards, et fulmina contre Frédéric une sentence d'excommunication qui fut prononcée dans la basilique de Latran, le dimanche des Rameaux de l'année 1239.

Frédéric, qui tenait sa cour à Padoue, convoqua une assemblée afin de protester contre la condamnation pontificale, et écrivit aux cardinaux et au sénat romain pour se plaindre des procédés de Grégoire IX. D'autre part, il faisait adresser à tous les princes de la chrétienté un mémoire rédigé par Pierre de la Vigne, accusant le Pape de prévarication. Grégoire IX répliqua par un document conçu dans les termes les plus sévères, dans lequel, après avoir convaincu l'empereur de rébellion, d'hérésie, de monstruositées morales, le Pape le mettait au ban de l'Europe catholique, et déliait ses sujets du serment de fidélité pour le temps où il serait exclu de l'Église (1).

Les péripéties de cette terrible lutte sont émouvantes. Après son excommunication et sa déchéance, confirmées au concile de Lyon, la fortune abandonne l'empereur : l'Allemagne s'agite, les villes italiennes se proclament indépendantes sous les auspices du Saint-Siège, et une conspiration terrible soulève la Sicile. L'excommunication pontificale a vaincu l'orgueil du puissant Frédéric et marqué la fin prochaine de la maison de Souabe (2).

En 1254, l'île se souleva contre Conrad IV, fils de Frédéric, et voulut se constituer en république ; mais Henri Abate reprit possession du pays au nom de Manfred, vicaire du royaume, qui, se substituant à son pupille et neveu Conradin, fut proclamé roi en 1258. Le Souverain-Pontife n'avait pas renoncé à son protectorat sur la Sicile ; il fit appel à Charles d'Anjou, qui fut victorieux de Manfred à Bénévent. Les Vêpres siciliennes, l'odieux massacre de 1282, mirent fin à la domination des Français de la maison d'Anjou ; mais la Sicile n'était pas capable de présider elle-même à ses destinées, et Pierre d'Aragon s'empara du pouvoir. Aux guerres politiques succédèrent les dissensions intestines ; on divisa l'île en quatre vicariats ; le plus

1. Hergenroether, *Hist. de l'Église*, t. III, p. 674-676, Paris, Palmé, 1886.

2. « L'étude attentive du caractère de Frédéric II nous montre une intelligence d'élite unie à une conscience pervertie. » Cette opinion, formulée par Huillard-Bréholles dans son *Hist. diplom.*, a la valeur d'un jugement historique.

puissant des vicaires, André Chiaramonte, fut décapité en 1392 devant la place de son palais. Les barons siciliens songèrent un instant à offrir la couronne à un seigneur palermitain, Frédéric de Luna, mais les haines et les jalousies personnelles firent obstacle à ce projet patriotique, et l'île, lasse de ces interminables discordes civiles, se donna à Ferdinand le Juste, roi de Castille et d'Aragon, à qui le concile de Caspe décerna en 1414 le titre de roi d'Espagne.

Les royaumes de Naples et de Sicile réunis sous Alphonse le Magnanime se séparèrent en 1458; la Sicile fit retour à la couronne d'Espagne et Palerme fut gouvernée par des vice-rois. Sous leur administration, le tempérament révolutionnaire des habitants se manifesta à plusieurs reprises, et les soldats espagnols durent réprimer des révoltes sérieuses.

Après la bataille de Tunis (1535), l'empereur Charles-Quint visita la Sicile et lui confirma ses franchises et sa constitution. L'île, fière de l'auréole glorieuse qui enveloppait ses maîtres, voulut participer à leurs succès; les galères palermitaines combattirent vaillamment à la bataille de Lépante, et beaucoup de Siciliens prirent du service dans les régiments des Flandres. C'est un fils de Palerme, Octave d'Aragon, qui défit les forces turques au cap Corvo.

Mais avec la décadence de l'Espagne recommencèrent

les conspirations et les révoltes ; les puissances conti-
nentales intervinrent, et le traité d'Utrecht intronisa
comme souverain Victor-Amédée de Savoie. L'empereur
Charles VI gouverna l'île pendant quelques années ; mais,
en 1734, Charles III de Bourbon la conquit et ceignit la
couronne à Palerme. Ses successeurs furent souvent
obligés de réprimer les conspirations et les émeutes de
leurs turbulents sujets. Enfin, en 1860, la Sicile, sou-
levée par Garibaldi, triompha des troupes royales, et,
par le plébiscite du 21 octobre, acclama Victor-Emma-
nuel. Incapable de vivre indépendante et de se gouverner
elle-même, elle se donnait à l'Italie.

Il m'a paru utile de résumer à grands traits l'histoire
de Palerme, qui, à partir du moyen-âge, se confond avec
celle de la Sicile. Les conquérants, les races, les civilisations imposées, ont laissé des traces ineffaçables sur
cette terre de Trinacria ; et, pour apprécier ses monuments, juger sa littérature et admirer ses richesses artistiques, pénétrer l'âme de ses habitants, il faut se reporter
souvent aux origines et faire appel à l'histoire.

PALERME est divisée par deux grandes artères per-
pendiculaires : la via Vittorio Emmanuele et la via
Macqueda, en quatre îlots d'étendue à peu près égale.

Le style des monuments et des maisons est très varié ;
il porte les empreintes de l'art byzantin et des architectures arabe et normande, tour à tour introduites par la
conquête. Beaucoup d'églises : Martorana, San Cataldo,
San Antonio, sont byzantines ; d'autres : Monreale, San
Spirito, sont romanes ; elles comportent l'arceau pointu
des Arabes, fort différent de l'ogive gothique.

Mais il convient de réserver à un chapitre spécial l'architecture sicilienne et l'étude détaillée des églises ; je
vais simplement faire le tour de la ville, m'arrêtant devant
les monuments, les palais, les jardins ; regardant à droite
et à gauche ; décrivant ce qui me semble digne d'être
décrit ; évoquant de ci de là un souvenir ou formulant une
impression.

C'est à la Piazza Vigliena, point d'intersection des deux
grandes rues, vulgairement dénommée *I Quattro Canti*
(les quatre coins), que bat le cœur de Palerme.

Les petites charrettes des paysans s'y croisent le matin
à l'aller et au retour du marché, les crieurs de journaux y
stationnent, les étudiants de l'Université y attendent l'ouverture des cours ; les oisifs prennent possession des trottoirs et admirent les équipages qui la traversent au pas
avant de se rendre au Corso de La Favorita ou au Foro
Italico ; et les mendiants, les marchands d'éponges, les
petits vendeurs de boîtes d'allumettes, s'embusquent près
du piédestal des statues, à l'affût des étrangers...

C'est au XVIIe siècle que l'architecte Giulio Sasso érigea les quatre édifices de la place octogonale. Les façades sont ornées d'allégories et de statues représentant les Saisons, les Saintes les plus vénérées de Palerme après sainte Rosalie sa patronne : Sainte Christine, sainte Olive, sainte Agathe, sainte Minsa, et quatre souverains espagnols : Charles-Quint, Philippe II, Philippe III et Philippe IV.

Descendons la via Vittorio Emmanuele, qui traverse la cité du sud au nord, de la Porta Nuova à la Porta Felice, et dont l'extrémité pointue semble pénétrer dans une tache bleue : la mer. Des magasins, protégés contre le soleil par de larges vérandas, la bordent, et, à l'angle des petites ruelles transversales, des fleuristes, installés devant une pyramide de bouquets que couronne parfois un parasol, vous offrent des violettes, des roses, des jacinthes et des camélias.

A droite, par une large échancrure, l'on aperçoit la fontaine Pretoria, de structure assez bizarre, et à laquelle on accède par des escaliers de marbre. En 1570, le sénat de Palerme avait décidé l'érection d'une fontaine monumentale ; et, dans son impatience d'en posséder une, il acheta à Don Pedro de Tolède, moyennant vingt mille ducats, celle qu'il avait commandée aux sculpteurs florentins Michelangelo, Nacherini et Francesco Camilliani. Les statues n'ont pas grande valeur artistique, mais l'ensemble est assez imposant.

Le Palais Municipal, qui forme une des faces de la Piazza Pretoria, fut érigé par le préteur Pietro Speciale en 1463 ; il a subi de si profondes transformations qu'il subsiste peu de chose de son style initial. A l'intérieur, il faut visiter la *Sala delle Lapidi*, où des inscriptions murales rappellent les faits principaux de l'histoire nationale, et voir, dans une salle voisine, deux intéressants tableaux : les *Funérailles de Timoléon* de Sciuto et la *Renonciation de la Féodalité* de Padovani. C'est au Palais que siégèrent les gouvernements révolutionnaires de 1848 et 1860 ; et, non loin de la porte principale, se trouve la grosse cloche qu'on sonnait autrefois pour convoquer aux assemblées le peuple et les maîtrises.

Plus loin, en descendant toujours la grande rue conduisant à la mer, je passe devant le portail de l'église Saint-Mathieu, et j'arrive à la Piazza Marina, que prolonge le Jardin Garibaldi. A droite se dresse un palais massif flanqué d'une tour dentelée et orné de belles arches fenestrales : c'est le *Steri (Hosterium)*, antique demeure des Chiaramonte, érigée au commencement du XIVe siècle. Jaloux du luxe déployé dans cette construction, un parent des grands barons, Matteo Sclafani, paria de bâtir en l'espace d'une année un palais plus somptueux et plus grand ; il tint parole, et le palais qui porte son nom s'éleva comme par enchantement à l'autre extrémité de la ville, en l'an 1330.

Le dernier seigneur du Steri, André Chiaramonte, l'un des quatre vicaires du royaume institués à la mort de Frédéric III, fut décapité sur cette place, en 1392, par ordre du prétendant au trône, Martino II. Les rois et les vice-rois s'installèrent dans le palais confisqué, qu'ils affectèrent au Saint-Office quand ils allèrent habiter l'ancien palais royal restauré.

C'est alors que de lourds balcons sans style et une énorme horloge vinrent déparer la façade méridionale de l'édifice. Le poète Meli a comparé à l'œil de Polyphème cette grosse tache ronde :

Ch'era, dici un auturi di giudiziu,
Quantu lu roggiu di lu Sant'Uffiziu (1)

La Porta Felice, qui ouvre sur la mer bleue une large baie, termine le Corso Vittorio Emmanuele et marque le point initial de la belle promenade estivale : le Foro Italico.

Le vice-roi Marc-Antoine Colonna, qui commença la construction de ce monument dorique, lui donna galamment le nom de sa femme, Donna Felice Orsini ; mais il ne fut achevé que cinquante ans plus tard, sous la vice-royauté du duc de Montalto. On y remarque les statues de Flore et de Pomone, de gracieuses fontaines de marbre,

1. Qui était, a dit un auteur avisé,
Comme l'œil du Saint-Office.

des colonnes harmoniquement soudées aux corniches et frises ; et, au faîte des deux grands pilastres, se détachent en un vigoureux relief les armoiries de la ville.

Je reviens sur mes pas, après avoir jeté un regard sur cette longue terrasse légèrement cintrée qui poudroie au soleil couchant ; et, tournant à gauche, je m'engage dans d'étroites ruelles bordées de hautes maisons, dont quelques-unes se parent du nom de Palazzi. Les larges fenêtres des étages supérieurs sont pourvues de balcons en fer forgé affectant la forme de corbeilles ; avec les volets aux couleurs vives et les statues encastrées dans les murailles, ils constituent tout le luxe de ces édifices délabrés. En bas, des boutiques sordides rappellent les quartiers populeux du vieux Naples. Des familles de huit à dix personnes gîtent dans la même chambre basse qu'éclaire seule la porte ouverte, et, au fond, une cloison de bois ou un simple rideau dissimule l'âne et les chèvres qui cohabitent avec ces miséreux.

Après un quart d'heure de promenade tortueuse dans les rues Quattro Aprile, Alloro, Vetriera, Torremuza, l'on débouche dans la via Lincoln, devant les massifs de verdure qu'on nomme la Villa Giulia et le Jardin botanique. C'est avec bonheur qu'on respire un air dégagé de ces relents de fritures à l'huile, de fromage avancé, de pâtes rances, de légumes pourris et de litières en fermentation.

Le Jardin botanique, créé en 1785 par le vice-roi Cara-
manico, est une plantation rectangulaire que prolonge un
triangle très pointu, assez semblable à la queue d'une
comète. Le plan du bâtiment, de style dorique-sicilien,
affecté à l'école d'horticulture, est dû à un architecte français, Du Fourny. Près de l'entrée se dressent deux beaux
cocotiers ; au milieu des pelouses, j'admire des bambous
géants, des bananiers et de superbes échantillons de la
flore tropicale : *Philodendron pertusum, Corypha aus-
tralis, Wigandia, Latania borbonica, Myrtaceæ, Musa
Ensete.*

L'allée des Palmes, avec ses dattiers et ses *Cycas
revoluta*, coupe en deux parties égales le Jardin botanique. L'ombrage velouté de ses rameaux rappelle les
merveilleux bosquets de Colombo et de Singapore.

Un jardinier bienveillant m'ouvre la grille qui met
en communication l'*Orto botanico* et la *Villa Giulia*.
Comme le Jardin, la Villa, qu'on désigne souvent par le
vocable poétique *La Flora*, fut dessinée à la fin du
XVIIIe siècle. Elle eut pour marraine Donna Giulia
Guevara, femme du vice-roi Colonna, et occupe l'emplacement de l'ancienne maison de campagne des Chiaramonte.

Le Nôtre était à la mode à cette époque ; on s'en rend
compte par l'alignement symétrique des allées. Les unes
tracent un carré inscrit dans le carré qui limite le parc,

les autres sont circulaires. Au centre géométrique est creusée une vasque qu'encadrent quatre kiosques de style pompéien. La grande avenue qui forme la diagonale du carré intérieur aboutit à un groupe marmoréen qui représente les frères Canaris, les héros de la lutte de l'indépendance grecque. L'auteur, un artiste de Palerme, Benedetto Civiletti, a vigoureusement sculpté ces mâles figures, auxquelles il a peut-être eu le tort de donner la physionomie de pirates normands.... Cela ne l'a pas empêché d'obtenir une médaille d'honneur à notre exposition parisienne de 1878.

Quelques cages sont alignées le long du mur de clôture du gazomètre, mais les huit ou dix animaux qui s'y promènent mélancoliquement n'offrent pas grand intérêt. On aurait mieux fait de s'abstenir de cette exhibition, qui ne suffit pas à donner à la Villa le caractère d'un établissement zoologique.

Le long des principales allées, montent la garde les statues des grands hommes siciliens ; et une jolie fontaine, encadrée par d'odorants massifs, supporte le *Génie de Palerme*, œuvre du sculpteur Marabiti.

Il semble que la rigidité des allées sablées et tous ces monuments de pierre et de marbre, si artistiques qu'ils soient, n'ajoutent pas grand'chose à la majestueuse beauté de cette végétation sicilienne chantée par Meli et par Gœthe.

Mais il se fait tard ; le soleil s'enfonce doucement derrière la crête du mont Pellegrino. Le grand calme qui précède la nuit s'épand sur le Foro Italico et sur la vaste rade. Le port apparaît dans un lointain rosâtre estompé par l'ombre des montagnes, et les vers d'Auguste Lacaussade me viennent à la mémoire :

> De la plage, en mourant, l'onde argente les sables ;
>
> Au large, balancés au lent roulis des eaux,
>
> Les navires du port, ondulant sur leurs câbles,
>
> Se bercent, endormis comme de grands oiseaux.

Je me suis arrêté quelques instants, admirant ce panorama féerique. Un cocher en profite pour me faire ses offres de service. Les voitures ne sont pas cher à Palerme : la course dans un petit landau coûte la modique somme de soixante centimes. Ici comme à Naples, les chevaux n'ont pas de mors ; les guides sont fixées à une armature doublée de cuir qui emprisonne le dessus du naseau, et on arrête son cheval en l'encapuchonnant.

Nous longeons au grand trot le Foro Italico, désert en cette saison : c'est du mois de juin au mois de septembre que cette promenade est à la mode ; on y vient alors humer la brise du soir et exhiber les équipages. Le Foro s'appelait naguère la Strada Colonna, du nom du vice-roi son créateur ; puis il devint le Foro Borbonico et fut orné de fontaines, d'obélisques, de bustes des princes de la maison régnante. La révolution dispersa les fontaines dans tous les quartiers de la ville et brisa les statues.

Je remarque en défilant sur ce large boulevard bordé d'arbres de Judée: la Piazza Kalsa, qui a conservé son nom arabe et fait face à la Piazza dei Greci, où commençait le faubourg grec au moyen-âge ; un temple ionique très moderne qui sert de kiosque aux musiques militaires ; et le palais Butera, attenant à la Porta Felice.

III

L E lendemain, je suis levé dès l'aube et je respire à pleins poumons, par les fenêtres grandes ouvertes de ma chambre, l'air du matin chargé des pénétrants parfums du Jardin Garibaldi.

C'est aux Quattro Canti que je me rends pour reprendre le cours de mes pérégrinations à travers la cité. La petite place est déjà fort animée et les crieurs de journaux encombrent les trottoirs. On a le timpan brisé par les cris cent fois répétés de l'*Isola, Giornale di Sicilia;* ce sont les deux organes les plus répandus de la Sicile; le premier, radical avancé, est de fondation récente et a pour directeur l'un des députés de Palerme, le docteur Napoleone Colajanni ; l'autre, réputé modéré, trouve cependant le ministère du marquis di Rudini trop conservateur. L'*Isola* est moins gallophobe que le *Giornale di Sicilia*, mais, comme ses sentiments à notre égard ne se manifestent que comme arme d'opposition au gouvernement, il ne faut pas lui en savoir trop de gré. N'oublions pas d'ailleurs que M. Crispi est le grand homme de la Sicile.

Tout près de la place, un rassemblement s'est formé devant la boutique d'un marchand de journaux. On se bouscule pour examiner une immense affiche en couleurs au haut de laquelle se détachent en lettres rouges les mots : LA GUERRA et E. ZOLA. Un grand journal de Rome, la *Tribuna*, publie en feuilleton, sous ce titre sensationnel, l'œuvre du romancier naturaliste qui a pour sujet le désastre de Sedan. L'affiche-réclame recommande naturellement le journal et son feuilleton. La scène représente Napoléon III, tête nue, entouré de son État-Major, qui rend son épée au vieux roi Guillaume. Celui-ci, flanqué du prince de Bismarck sanglé dans son légendaire uniforme de cuirassier blanc, reçoit d'un air hautain et casque en tête le souverain vaincu ; au premier plan, un zouave fait un geste menaçant et semble formuler des imprécations, mais il est difficile de discerner si elles s'adressent au roi de Prusse ou à l'empereur des Français. Cette grande image coloriée et symbolique est évidemment faite pour plaire aux passants ; ils la contemplent avec complaisance et y trouvent une petite satisfaction à la haine passionnée qu'ils ont vouée à notre pays. Il convient de noter pour être juste qu'il y a dans la foule un certain nombre de têtes carrées agrémentées de lunettes et de barbes rousses. Palerme compte dans ses murs au moins quatre mille Teutons.

En remontant la via Vittorio Emmanuele, je laisse à gauche l'église Saint-Joseph, qui était autrefois reliée par un pont au couvent des Théatins, transformé en Université. Douze cents étudiants environ suivent les cours de l'Université et étudient la jurisprudence, la littérature, la médecine et les sciences naturelles. Aux facultés est annexé un musée zoologique qui renferme de précieuses collections ornithologiques et ichthyologiques.

Un peu plus loin, toujours vers la gauche, la Piazza Bologna ouvre une large tranchée. Au milieu se dresse une statue monumentale de Charles-Quint, érigée par le Sénat palermitain en commémoration des franchises accordées par l'empereur ; au nord, est édifié le bâtiment où sont installés les bureaux de la poste, et en face, l'on remarque les imposantes masses des palais Ugo et Villa-franca. Le 27 mai 1860, Garibaldi se reposa deux heures dans une chambre du palais Villafranca, et ses fanatiques admirateurs ont jugé bon de consigner sur une plaque de marbre cet événement à jamais mémorable !

La rue Vittorio Emmanuele passe ensuite entre l'église

San Salvatore et la Bibliothèque nationale. Fondée par un érudit bavarois, Sterzinger, la Bibliothèque fut confiée aux soins des Pères Jésuites jusqu'à la chute du gouvernement des Bourbons ; elle contient plus de deux cent cinquante mille volumes et de nombreux manuscrits relatifs à l'histoire sicilienne.

Dans une ruelle greffée sur la *Piazza dei Sett'Angeli*, se trouve l'église de Santa Agata la Guilla, adossée aux murailles d'une crypte du Xe siècle. Tout près de là, on me montre la maison du baron Blandino et l'entrée de la grotte des *Beati Paoli*. La fameuse société secrète tenait ses assises dans ce réduit voûté et y rendait ses mystérieux et terribles arrêts. Les *Mafiosi* d'aujourd'hui ont hérité dans une certaine mesure de ces *outlaws* d'autrefois, et ils inspirent encore une vraie terreur à bon nombre d'honorables indigènes.

J'arrive à la Piazza del Duomo, balustradée de marbre et ornée de plusieurs statues de saints, qui dégage heureusement la cathédrale, ou église de l'Assunta, et le palais archiépiscopal. A gauche, s'étend une place plus vaste encore, la Piazza della Vittoria, au fond de laquelle se détachent le Palazzo Reale, monstrueuse bâtisse d'origine arabe que tous les rois et vice-rois ont successivement agrandie, transformée, enlaidie ; et la Porta Nuova, en forme d'arc de triomphe, surmontée d'un pavillon pyramidal supporté par de gracieuses colonnades. Ce pavillon — tout comme le palais Villafranca — eut l'incomparable gloire d'abriter, pendant quelques heures, le condottiere Garibaldi.

C'est au nord-est de la place que s'élève le palais Sclafani, l'heureux rival de la somptueuse demeure des Chiaramonte, dont la façade méridionale est admirablement conservée, et qui, après avoir servi d'hôpital, est devenu une caserne. A l'extérieur, j'admire un aigle en marbre ciselé par le Pisan Bonaiuto. A l'intérieur, sous les arcades de l'une des cours se voit une très belle fresque : *Le Triomphe de la Mort*, attribuée au pinceau d'un artiste sicilien du XVe siècle, Antonio Crescenzio.

Un cheval squelette monté par la Mort — un autre squelette — franchit d'un bond un groupe d' « honnestes » dames et de seigneurs. Les plus joyeux de la bande, une jeune femme et un beau gentilhomme, sont frappés des traits de la Mort ; au bas du tableau gisent d'autres illustres victimes : papes, sultans, empereurs et évêques ; à gauche, une bande de malheureux, au milieu de laquelle figure le peintre, le seul costumé en italien, armé de ses attributs professionnels, implore inutilement la souveraine Libératrice. La composition est d'un bel effet dramatique ; les physionomies des personnages sont empreintes du réalisme spécial à l'école flamande, ce qui a fait croire pendant longtemps que l'auteur du tableau était un artiste des Pays-Bas, fixé à Palerme et qui avait doté l'hôpital de cette fresque en reconnaissance des soins dévoués qu'il y avait reçus.

Après cette rapide excursion dans la haute ville, je descends par une série de petites rues aussi sales qu'étroites vers la via Macqueda, et m'engage à droite dans la via Pattania, qui débouche en face du Musée national. Faut-il le confesser? je ne suis pas très grand visiteur de Musées; il m'est plus agréable de contempler un site du haut d'une montagne, d'admirer la structure d'une cathédrale, de rêver au bord de la mer en regardant l'horizon, que de passer de longues heures à inventorier, à l'aide d'un catalogue, des tableaux, statues et objets de toutes sortes étiquetés et classés, réunis dans des salles où se pressent une foule de touristes de tous pays, qui se croiraient déshonorés s'ils revenaient dans leurs patries respectives sans avoir fait consciencieusement ces pèlerinages soi-disant artistiques, conseillés par les guides Joanne et Baedeker.

Ceci dit, j'avoue ne pas regretter ma visite au Musée de Palerme, aménagé très intelligemment par son directeur, M. Antonino Salinas, professeur d'archéologie à l'Université.

Le Musée est établi dans l'ancien couvent de l'Olivella, contigu à l'église du même nom. Au milieu de la cour d'entrée, se tient un Triton en marbre, du XVIe siècle, qui ornait naguère une des fontaines du Palazzo

Reale. Sous les portiques se trouvent des statues, des sculptures de la Renaissance et du moyen âge, des inscriptions arabes et grecques. Une petite salle située à droite, où l'on accède par un porche gothique enlevé au palais Sclafani, renferme une belle statue équestre de saint Georges et une minuscule chapelle, sculptées par Gagini.

Une seconde cour, où l'on remarque des bas-reliefs, des inscriptions phéniciennes de Lilybée et un Jupiter provenant des fouilles de Solunte, conduit aux salles des Terres cuites, des Mosaïques et de Sélinonte. Cette dernière contient les célèbres Métopes qui ont été d'un si précieux secours pour fixer historiquement les développements de l'art antique. Elles appartiennent à trois périodes bien distinctes : les métopes placées à gauche sont en tuf jaune et remontent vraisemblablement à l'an 600 avant JÉSUS-CHRIST : les silhouettes sont grossièrement dessinées, les poses sont raides ; tout marque l'enfance de l'art grec. Les métopes qui sont séparées des premières par quelques pièces informes, proviennent d'un temple voisin de l'Acropole, datant du Ve siècle, et représentant des épisodes très mouvementés et expressifs de la guerre des Dieux et des Géants. Enfin, quatre métopes adossées au mur extérieur appartiennent à l'an 430 ou 440 ; c'était l'âge d'or de l'art grec. Zeus et Junon, Actéon déchiqueté par la meute de Diane,

Minerve tuant Encelade, et Hercule vainqueur de la reine des Amazones : tels sont les sujets de ces œuvres géniales conçues peu de temps avant la destruction de Sélinonte.

Au premier étage, après avoir rapidement passé en revue les curiosités historiques siciliennes, les antiquités préhistoriques, les bronzes, les vases grecs, les collections de numismatique et d'orfèvrerie religieuse, je fais une assez longue station dans la *Sala del Medio Evo* (salle du moyen âge). Elle contient les fragments d'un plafond de bois, de style arabe-normand ; des poteries de Faenza, Palerme et Urbino ; des majoliques du XVIe siècle ; des ivoires travaillés ; des miniatures ; un évangéliaire et un psautier qui appartinrent, croit-on, à l'impératrice Constance ; des armures ; et une moulure en plâtre de la curieuse inscription arabe de La Cuba.

L'étage supérieur est réservé aux galeries de peinture, aux estampes, aux dessins et aux fresques. A noter : les tableaux de Vincenzo Romano, et tout spécialement les six panneaux traitant de la jeunesse de Jésus-Christ et une *Descente de Croix ;* la *Communion de sainte Madeleine* du Monréalèse, surnommé par ses compatriotes, *laudatores temporis acti :* le dernier des peintres siciliens ; un superbe triptyque de l'école de Van Eyck ; la *Vierge* de Garofalo ; une tête de Notre-Seigneur, du Corrège ; la *Famille de Rubens* de Van

Dyck ; des vues de Venise de Guardi et *la Manne au Désert* de Vasari.

L A Favorita est la promenade d'hiver des habitants de Palerme ; le Pellegrino et le Castellaccio l'abritent contre les vents régnants. L'ancienne résidence des rois Bourbons s'étend sur la *Piana dei Colli*. L'enclos est très vaste ; il comprend des allées ombreuses, des prairies où paissent des troupeaux de bœufs, des terres labourées, des bois d'orangers et de citronniers, et un spacieux hippodrome très apprécié des sportsmen siciliens. Le style de l'habitation est bizarre ; on dirait une villa des environs de Cannes ou de Nice agrémentée de toitures chinoises et de bois de pagode.

Un sentier qui suit la *Valle dei Porci* permet de faire directement l'ascension du mont Pellegrino, mais il est préférable de contourner le mont et de gravir la large rampe qui s'élève en zigzags sur le flanc méridional. On construit de ce côté un chemin funiculaire, qui facilitera évidemment l'ascension, mais lui enlèvera une bonne part de son pittoresque.

Le Pellegrino doit à sainte Rosalie une popularité qui dépasse peut-être celle dont jouit auprès des Marseillais

PALERME. — La grotte de Sainte-Rosalie. (Vue intérieure.)

Notre-Dame de la Garde. Le marin sicilien qui fait voile vers les lointains pays ne manque jamais d'adresser à la sainte une fervente prière et il s'écrie, en doublant la pointe d'Orlando : (1)

Capu d'Orlannu et munti Piddirinu,
Cu'sa si'n'àutra vota nni videmu !... (2)

Mais sa joie déborde quand sonne l'heure joyeuse du retour :

Capu di Gaddu, capu di guai !
Munti Piddirinu, alligrari mi fai !... (3)

Il faut environ une heure et quart pour atteindre la grotte de Sainte-Rosalie, transformée en chapelle et contiguë à un modeste couvent. Après avoir traversé un corridor qui semble glacial, le Frère portier vous introduit dans la grotte, bien éclairée par une large baie. Au fond se détache un petit autel blanc. Au-dessus de l'entrée une statuette en cire bouche la lucarne d'une excavation pratiquée dans la voûte, qui fut la chambrette où dormait Rosalie. Au milieu des stalactites courent de grosses

---

1 *Proverbi siciliani*, par G. Pitrè. Vol. IV, p. 353.

2. Cap d'Orlano et mont Pellegrino,
   Qui sait si nous vous reverrons encore !

3. Cap de Gado, cap joyeux,
   Mont Pellegrino, tu me rends heureux !

gouttières en fer blanc destinées à canaliser l'eau qui suinte des parois ; elles sont du plus disgracieux effet.

Un autel en marbre très richement décoré, autour duquel brûlent des cierges gris qui ressemblent à des lances lumineuses, s'élève vers la gauche, un peu caché par un rocher surplombant. C'est là que reposent les restes mortels de la Sainte.

A travers un grillage, dans un caveau latéral, apparaît Rosalie, couchée sur le côté droit, pressant sur sa poitrine un crucifix, extasiée par la vue de la patrie céleste qu'un ange lui révèle. Le costume dont elle est revêtue est d'une incomparable richesse ; sa robe d'or, qui projette de beaux reflets fauves, lui fut donnée par Charles III. Gœthe, dans son *Italienische Reise*, a admiré cette statue du florentin Gregorio Tedeschi, si pleine de foi et de vérité : « La tête et les mains de marbre blanc ne sont pas d'une correction parfaite, mais elles sont si naturelles et si gracieuses dans leur pose, que la Sainte semble respirer et prête à bouger. »

C'est une touchante histoire que celle de Rosalie. Fille de Sinnibalde et nièce de Guillaume II, elle fut vite désabusée des grandeurs de ce monde. Abandonnant la Cour, elle voulut vivre dans la prière et la solitude ; après avoir habité quelque temps le sommet du mont Quisquina, elle vint se fixer dans la grotte du mont Pellegrino. Ses ossements furent découverts par miracle en 1624, et leur promenade processionnelle à travers les rues de Palerme suffit pour conjurer la peste qui décimait cruellement la population. Sainte Rosalie fut dès lors proclamée patronne de la ville, et d'innombrables pèlerins vinrent solliciter sa puissante intercession.

De grandes fêtes sont célébrées chaque année du 13 au 15 juillet en l'honneur de la vierge palermitaine. Pendant que les fidèles, cierge en main, gravissent nuitamment la montagne, on illumine à l'autre extrémité de la ville les bosquets de la Villa Giulia ; dans la journée, on organise des courses, des régates, des divertissements populaires. Comme les Italiens du sud, les Siciliens ont la piété joyeuse. Quant à la municipalité, bien que fort peu cléricale, elle est obligée de s'associer aux réjouissances traditionnelles, et contribue à leur organisation pour une somme de trente à quarante mille francs. C'est le Sénat de Palerme qui ordonna la construction de la belle route, supportée par des arches, qui mène à la grotte, et ressemble de loin à un aqueduc.

De la grotte, un sentier rocailleux conduit à une énorme statue de Rosalie, élevée sur le bord d'une falaise gigantesque qui tombe à pic dans la mer. La foudre a plusieurs fois brisé la tête de la Sainte. Un autre sentier de chèvres bifurque sur la droite. Je le suis et, après une demi-heure d'ascension assez rapide, j'atteins le sommet du Pellegrino et la maisonnette où est installé le sémaphore. Le panorama est vraiment merveilleux. On embrasse du regard toute la Conque d'or; par la vaste fenêtre d'un col évasé, l'on distingue les jardins de la *Favorita* et la jolie villa rose aux toitures chinoises; au nord, la mer étend sa nappe bleue qu'irise le soleil. Avec une lorgnette, on aperçoit les sommets pointus des îles Lipari, et, par-dessus les chaînes superposées, dans la direction du mont Grifone, se profile à l'horizon la masse neigeuse de l'Etna.

Chapitre Deuxième.

LA LITTÉRATURE ET LES ARTS.

I

ON s'attache vite à cette terre de Trinacria si riche en monuments, si féconde en artistes, à cette Sicile tant convoitée naguère et qui servit de champ de bataille à toutes les nations se disputant l'empire de la Méditerranée ; et l'on s'efforce d'étudier ses origines, de sonder ses ruines pour leur arracher quelques secrets de la vie antique, de se faire une idée juste des civilisations successives dont elle fut le centre, de la pénétrer, de connaître l'âme de ses habitants et de leurs ancêtres.

Les premières sensations éprouvées sont si multiples et si profondes, les évocations du passé si grandioses, qu'elles s'entre-choquent dans le cerveau, et il faut un certain temps pour les condenser et en dégager des idées d'ensemble revêtues d'une forme précise.

Les Grecs, les Carthaginois, les Romains, les Barbares, les Arabes, les Normands, les Espagnols, les Angevins, les Allemands, les Italiens, tous ces conquérants, toutes ces races ont laissé en Sicile des traces ineffaçables; mais leur amalgame a produit une nation nouvelle, dotée de traits distinctifs, pourvue de facultés propres et de caractères particuliers que possèdent rarement les peuples réputés autochtones.

C'est dans la littérature et les arts que se révèlent les aspirations, la condition morale, la vie intime d'un peuple. Au moyen âge, les écrivains sont rares, et il est heureux que de fort nombreux artistes soient venus compléter leur œuvre, exprimer le goût populaire et traduire la pensée nationale.

Les érudits, qui se sont occupés de *Folk Lore*, savent que les poésies primitives ont un fonds commun qui se retrouve partout; et ce n'est que peu à peu, après de longs tâtonnements, que se manifeste le génie de la race.

Beaucoup de chants siciliens ressemblent aux *Rispetti* toscans; d'autres se rapprochent des *Copias* andalouses, et notamment ceux qui exaltent le teint sombre des femmes : « La neige est blanche, mais on la foule aux pieds ; le poivre est noir, mais il est en grande estime ; la terre noire est celle qui produit les plus belles récoltes. » La dernière idée se retrouve chez un de nos vieux poètes français, Remy Belleau :

> Il est brun, mais la terre brune
> Tousiours porte les beaux épis (1).

On pense aussi à la ballade du XVIe siècle qui commence par :

> Si le Roi m'avait donné
> Paris sa grand'ville,

et finit par ce refrain :

> J'aime mieux ma mie,
> O gué,
> J'aime mieux ma mie,

en lisant cette réponse d'un Sicilien auquel on offrait un trône s'il renonçait à « Turridu » :

> *Vogghiu a Turridu, nun vogghiu curuna (2).*

Les critiques italiens ont longtemps discuté la question de savoir à qui revenait l'honneur des plus anciens chants

1. *Folk Lore*, par le comte de Puymaigre. — Paris, Perrin, 1885.
2. « Je tiens à Turridu et non à une couronne. »

nationaux. M. Fauriel **a** prétendu que les premiers poèmes en langue italienne avaient bien été lus et admirés à la cour de Sicile, mais que leurs auteurs étaient nés dans la Péninsule. Dans sa *Filologia e Litteratura siciliana*, M. Vincenzo di Giovanni établit au contraire que les troubadours siciliens précédèrent les Toscans et leur servirent de modèles. Leur langue dérivait de l'osque, antique dialecte qui offre d'incontestables analogies avec l'étrusque ; et c'est ainsi qu'est confirmé le mot de Pétrarque :

...... I Siciliani
Che fur già primi...

L'influence orientale est aussi très visible dans ces œuvres primitives. La poésie arabe survécut à la domination des Sarrasins, et Ibn Kalakis vint à Palerme pour offrir ses vers à Guillaume II.

Ce qui caractérise la poésie sicilienne, c'est l'exaltation des sentiments, l'énergie de l'expression, la couleur du style. La jalousie a inspiré de nombreux chants ; l'amour est souvent sauvage, la vengeance implacable ; l'idée religieuse apparaît fréquemment, mais singulièrement associée aux pratiques du paganisme et à la superstition. M. Pitrè a réuni, sous le titre de *Orazioni, Rosarii, Cose di Diu*, une série de pièces, de rhythmes très divers, qui ne sont pas uniquement des « Choses de Dieu » et accusent des préoccupations toutes terrestres : Une jeune fille fait des dévotions à saint Antoine pour qu'il songe à son mariage ; à saint Pascal, pour que cet événement désiré se réalise au plus vite ; à saint Onufre, pour que l'époux rêvé soit jeune et beau. Ailleurs, une Sicilienne invoque tous les saints dont la tête a été tranchée pour châtier un époux infidèle ; mais, réflexion faite, elle ne veut pas la mort du coupable et demande simplement qu'il lui revienne repentant et corrigé.

La tragique histoire de la baronne de Carini tuée par son père, Pietro Vincenzo II, en l'an 1563, a inspiré à un barde inconnu un poème remarquable, dont on possède les principaux fragments (1).

On chante encore de nos jours, dans « l'Ile de feu », des *storii* populaires avec accompagnement de guitare, de violon ou de triangle. A Palerme, les aveugles-poètes forment une sorte de corporation ; ils parcourent les campagnes, se rendent à toutes les fêtes, modifient et rajeunissent les chants de leurs prédécesseurs. Ils abordent tous les genres : les aventures de Renaud et Angélique, les prouesses de Murat, les souvenirs des Croisades, les légendes de sainte Lucie ou de sainte Rosalie, un tremblement de terre, un naufrage, une épidémie cholérique. Ils déploient autant d'imagination pour rendre par la

---

1. M. le comte de Puymaigre en donne une intéressante analyse dans son ouvrage : *Folk Lore.*

poésie et la musique ces divers sujets, que les « peintres »
pour les reproduire sur les roues et les caisses des charrettes de paysans.

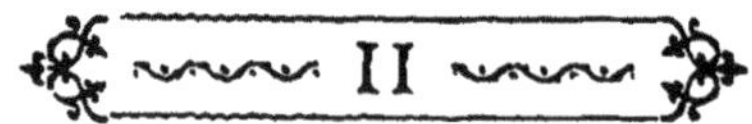

L'ARCHITECTURE symbolise, mieux encore que la littérature, le tempérament d'un peuple, surtout au
moyen âge. Guy de Maupassant a défini la Sicile « un
étrange et divin musée d'architecture », et l'expression
est absolument juste. Sur cette terre privilégiée, on retrouve
des ruines grecques et romaines fort bien conservées, et
la plus grandiose collection d'églises dont une nation
puisse s'enorgueillir ; on peut ici se rendre compte *de
visu* des curieuses transformations qui, partant du temple
grec, aboutissent à la cathédrale gothique en passant
par les *Basilicae* romaines.

C'est par le marbre et la pierre, en combinant les jeux
de lumière et l'harmonie des lignes, en empruntant aux
Grecs leurs colonnes doriques et leurs perspectives, aux
Normands leurs voûtes ouvragées, aux Arabes leur ogive
pointue, aux Byzantins leurs mosaïques et leur luxe orne-
mental, que les Siciliens ont écrit l'histoire artistique et
religieuse de leur île.

L'architecture, qu'on est convenu d'appeler « ogivale sicilienne », a été fixée au XIIᵉ siècle, et ses plus beaux monuments sont les dômes de Cefalù et de Monreale, et la chapelle Palatine, qui semble en être une idéale réduction.

Tandis que Syracuse, Girgenti et Selinonte gardent en dépôt les plus précieux vestiges de l'art antique, Palerme et ses environs ont été les témoins du développement de la civilisation au moyen âge, et par conséquent de l'art chrétien. Le souffle qui a inspiré le moyen âge est vraiment chrétien. L'antiquité païenne avait le culte de la forme matérielle ; dans tous ses monuments, elle visait à observer scrupuleusement les proportions du corps humain ; la ligne horizontale dominait tout, et les yeux comme la pensée ne dépassaient pas la hauteur des portiques.

Le christianisme a voulu autre chose dans ses temples : « Les piliers s'élancent par gerbes à des hauteurs vertigineuses, entraînant de force mon esprit vers les régions célestes. L'immensité du vaisseau élève mon âme à Dieu. En même temps, le reflet discret des verrières, le jour voilé des galeries profondes, me prédisposent au recueillement ; les trois étages, les trois nefs, me parlent de la Sainte Trinité ; l'église reproduit aussi l'image de la Croix (1). »

---

1. *Le XIIIᵉ Siècle artistique,* par **Lecoy de la Marche.**

Le symbolisme des églises gothiques n'est pas absolument identique à celui des dômes de Palerme ; j'aurai l'occasion de noter ce qui les différencie, mais il est utile de constater que la cathédrale catholique, aux pays du Nord comme en Sicile, synthétise les origines de l'architecture, de la sculpture, de la peinture, de l'orfèvrerie, de la musique vocale et instrumentale, et qu'elle est proprement le triomphe de l'art.

Palerme, qui possédait deux cents mosquées du temps des Arabes, compte aujourd'hui plus de soixante églises ; il serait fastidieux de les énumérer toutes, mais il est indispensable, pour donner une idée de l'art sicilien, de décrire les plus remarquables d'entre elles, et spécialement celles qui ont servi de modèles aux autres cités siciliennes.

La cathédrale ou église de l'*Assunta* évoque toute l'histoire de Palerme. On aperçoit encore dans la crypte les traces de la basilique érigée, vers l'an 592, par l'évêque Victor sur les ruines du *Latibulum* de San Mamiliano. Au IXe siècle, les Arabes la transformèrent en mosquée ; les Normands la rendirent au catholicisme, et, sous le règne de Guillaume-le-Bon, l'archevêque Gualterio Offamilio (Walter of the Mill) eut l'idée de rebâtir entièrement la basilique. L'événement est raconté dans une

La cathédrale de Palerme. (Vue extérieure, d'après une photographie de G. Incorpora.)

vieille chronique, et l'inscription suivante fut gravée dans l'abside :

Si ter quinque minus numerent de mille ducentis,
Intervient annos, rex pie Christe, tuos.
Dum tibi constructam praesul Gualterius aulam
Obtulit officii post tria lustra sui.
Aurea florebant Willelmi regna secundi,
Quo tantum tanto sub duce faluit opus :
Sit tibi laus perpes, sit gloria, Christe, perennis,
Sit decus, et templi sit tibi cura tui.
Tu quoque, florigere Mater pulcherrima turbae,
Perpetuum sacrae virginitatis apex,
Respice prostrati lacrymas, et vota clientis
Aeternis penses hacc sua dona bonis (1).

Cette inscription disparut à la fin du siècle dernier, au cours des travaux de restauration ordonnés, à la requête de l'archevêque Filangieri, par Ferdinand III, et confiés à Fuga.

Les Siciliens n'ont pas pardonné à cet architecte florentin son vandalisme inconscient. Pendant le XIVe, le XVe et le XVIe siècle, l'église s'était enrichie d'œuvres d'art merveilleuses, et notamment de curieuses sculptures style Renaissance. Il n'en reste plus le moindre vestige et toute la décoration intérieure fut détruite. L'ancienne structure des nefs fut modifiée et une grosse coupole domina le milieu du temple.

1. *La Topografia antica di Palermo.* Memorie di Vincenzo di Giovanni. t II. p. 227.

L'extérieur de l'édifice, sans être très harmonique, n'est pas disgracieux et produit un effet imposant.

L'archevêché, qui forme la face méridionale de la place, se termine par un campanile relié à la cathédrale par deux belles arcades. Aux angles du rectangle constitué par l'église s'élèvent des tourelles. Les murs sont crénelés; les principaux éléments de l'édifice épargnés par Fernando Fuga sont : la façade principale du XIVe siècle, les quatre tourelles du XIIe siècle, le portique de Simone Bologna, plusieurs fenêtres, et une partie des façades sud et nord.

Je résume, d'après M. Luigi Natoli, la description de la cathédrale et de ses abords :

C'est entre le XVIIe et le XVIIIe siècle qu'on entoura la grande place d'une vaste balustrade ornée de seize statues représentant des papes, des vierges et des saints. Une statue de sainte Rosalie remplaça la fontaine qui s'élevait au milieu de l'enclos.

A l'intérieur du porche se trouvent des bas-reliefs modernes, figurant le couronnement de Victor-Amédée II et celui de Charles III. Sur une pierre, tout près de la porte, est gravée l'inscription : « *Prima Sedes, Corona Regis et Regni Caput.* » Antonio Gambara, vers 1426, et Francesco, en 1432, sculptèrent les ornements et les boiseries de la porte.

La première chapelle de la nef droite renferme les tombes royales. Roger, roi de Sicile, repose dans un sarcophage revêtu de plaques de porphyre, et surmonté d'un baldaquin que supportent six colonnes corinthiennes dont les chapiteaux sont ornés de mosaïques. Les autres sarcophages, en porphyre massif, contiennent les restes mortels de l'impératrice Constance, de Henri VI, de Guillaume duc d'Athènes, de Constance II d'Aragon et de Frédéric II. Dans ce dernier, se trouvent aussi les corps de Pierre II d'Aragon et de l'infant Guillaume. Dans la petite chapelle à droite des tombeaux, on admire une gracieuse sainte Cécile avec un ange jouant du luth, due au pinceau d'Antonio Crescenzo.

Aux piliers qui se trouvent sur la ligne de la porte correspondant au porche, se trouvent deux bénitiers : celui de droite, qui date de 1553 et dont Spatafora et Ferrara sont les auteurs, et celui de gauche, qui date du XVᵉ siècle et est attribué à Gagini. La chapelle à droite du т contient une belle toile, de Vélasquez, représentant l'*Assomption de la Vierge*. L'autel, de marbre blanc, est orné de reliefs par Gagini. Devant cette chapelle pend une grande et magnifique lampe d'argent donnée par Victor-Amédée II.

L'abside mineure est dédiée à sainte Rosalie, patronne de la ville. Les murs de l'abside sont revêtus de deux grands tableaux de marbre du sculpteur Villareale, élève de Canova, dont l'un représente Jésus qui, à la prière de la Sainte, foudroie la Faim, et l'autre, la procession de la châsse de la Sainte. Sur l'autel, recouvert de plaques d'argent, se trouve la châsse que l'on croit contenir les ossements de sainte Rosalie ; elle est d'argent, richement ciselée en 1631 par les orfèvres palermitains Oliveri, Rivelo, Viviano et Lo Castro ; elle pèse 412 kilogrammes, et est portée en procession le jour de la fête patronale *(Festino)* (15 juillet). Les stucs et quelques reliefs de la chapelle sont de Gagini.

Dans l'abside majeure on admire les statues de Gagini, qui appartenaient à la tribune, le CHRIST ressuscité qui est à l'autel, et le riche autel lui-même, qui est de jaspe, d'agate et de lapis-lazuli. Les stalles du chœur ont été sculptées en 1466, par ordre de l'archevêque Nicolas Pugiades. L'abside mineure est dédiée au Saint - Sacrement. Le tabernacle, qui a la forme d'une assez grande coupole, toute de lapis-lazuli avec des ornements en cuivre doré, fut exécuté en 1653, par ordre de l'archevêque De Léon. La lampe d'argent qui pend devant le tabernacle est un don de Charles III.

La chapelle latérale est dédiée au Crucifix ; la statue en bois fut rapportée de Jérusalem en 1219, par le Carmélite S. Angelo, qui en fit don à la famille Chiaramonte, laquelle, à son tour, en fit don au dôme ; la légende en attribue l'exécution à saint Nicodème. L'autel est orné de quelques hauts-reliefs qui représentent la Passion et qui faisaient partie des décorations de la chapelle sculptées par les frères Gagini entre 1557 et 1565. Les statues dans les niches adossées aux grands piliers sont aussi l'œuvre de Gagini et ont été enlevées à la tribune. En descendant par la nef de gauche dans la chapelle de la Madone de *Libera Inferno*, on admire la belle statue de la Vierge du sculpteur vénitien Laurana (1469). Dans la chapelle voisine se trouvent les fonts baptismaux de Gagini.

Par une porte ménagée à côté du trône royal, on descend dans la crypte. Ce *Cimitero di tutti i Santi* est divisé en deux nefs par des piliers surmontés d'arcades en ogive, et contient les sarcophages de vingt-quatre archevêques, parmi lesquels celui de Gualterio Offamilio, mort en 1190.

En sortant du dôme par la ruelle dell'Incoronata, on arrive aux ruines de la chapelle, autrefois partie intégrante de la cathédrale, où venaient se faire couronner les monarques siciliens. Au-dessus du portail est une fresque du XIIe siècle représentant le sacre de Pierre d'Aragon et de la reine Constance.

Le roi est agenouillé devant l'évêque, qui, entouré d'un brillant cortège de prélats, lui impose la couronne.

Sous le linteau fut sculptée l'inscription :

HIC REGI CORONA DATVR.

Et au-dessus de la fenêtre furent peints ces vers :

Filia Manfredi regis Constantia Petro
Hic sua consorti regia sceptra dedit (1).

A droite, on lit :

Sponsus ut est templi Deus, isque homo virgine natus,
Sic Aquilae geminum cernis inesse caput.

A gauche :

Cum sis divorum altrix Regum, et Regia sedes,
Es merito Regni dicta, Panorme, caput.

Et un marbre qui surmonte la fenêtre porte :

Hic olim siculo corona Regi,
Sacris a manibus dabatur unctio :
Nunc mundi Domina, Deique Mater,
Hic Christus colitur pius, coronans (2).

Seize rois et quatre reines ceignirent la couronne de Sicile dans cette antique chapelle.

A l'extrémité opposée de la via Vittorio Emmanuele, tout près de la *Cala*, se trouve l'église de la *Santa Maria*

1. Constance, fille du roi Manfred, donna ici son sceptre royal à Pierre, son époux.

2. C'est ici que la couronne et la sainte onction étaient données au roi de Sicile. Maintenant l'on y adore la Mère de Dieu, Souveraine du monde, et le Christ qui dispense les couronnes.

della Catena, construite au commencement du XVIe siècle sur l'emplacement d'une chapelle fort ancienne. On fixait à l'éperon la longue chaîne qui fermait le bassin de la Piazza Marina, et c'est à ce fait qu'est dû le nom de l'église placée sous l'invocation de la Sainte Vierge. La flotte pisane, alliée fidèle du comte Roger dans la guerre contre les Sarrasins, détruisit cette chaîne en l'an 1063.

Le portique est imposant ; il est limité par deux pilastres qui montent comme des tours carrées et dominent la terrasse où courent des arabesques finement dentelées. Les trois nefs, avec leur double rangée de colonnes de granit surmontées de superbes chapiteaux, sont d'une structure aussi simple que belle.

Une curieuse statuette de la Vierge se cache modestement dans une niche ; j'admire les bas-reliefs, attribués à Gagini, qui ornent l'autel de droite, et le *San Gaetano* de Novelli.

La Catena est un monument architectural fort important, parce qu'il caractérise la transition du style sicilien du moyen âge au style de la Renaisaance. On retrouve dans les tours et la corniche l'ogive pointue, le plein cintre et l'arc droit. Il est bien regrettable qu'un pâté de maisons délabrées, occupé, je crois, par la surintendance des archives de l'État, recouvre les trois absides de l'église et en fasse extérieurement un édifice informe.

L'église de *Santa Maria dei Miracoli*, située sur la

Piazza Marina, est toute petite ; mais elle constitue un des spécimens les plus purs de l'architecture de la Renaissance et date de 1547. Les arcs qui surmontent les quatre colonnes de chaque nef, sont élancés et élèvent encore la gracieuse coupole qui les domine.

Au centre du quadrilatère formé par la via Alloro, la via Vittorio Emmanuele, la Piazza Marina et la via Cintorinai, se trouve l'église de *San Francesco*, qui remonte au XIIIe siècle.

La façade est d'une sévérité imposante. Huit colonnettes encadrent la porte principale et se relient par des modénatures ouvragées et très artistiques. Sur cette porte sont gravées les armes des Chiaramonte. On a récemment effacé l'inscription d'une des colonnes : « *Nel nome di Dio clemente e misericordioso. Non vi e divinita che Iddio, e Maometto è l'inviato di Dio* (1), » qui provenait évidemment d'une mosquée et avait l'inconvénient de rappeler aux Palermitains d'aujourd'hui le joug mahométan d'autrefois. Une rosace domine le triptyque qui prolonge la porte ogivale.

L'ornementation intérieure n'est pas sans mérite : on remarque plusieurs fresques de Novelli, les stucs de Serpotta et les stalles du chœur, construites au XVIe siècle, aux frais des familles nobles de la ville. Pietro

---

1. Au nom de Dieu, clément et miséricordieux. Il n'y a de divinité que Dieu, et Mahomet est l'envoyé de Dieu.

Gibi les cisela, et chaque stalle est surmontée des armoiries de son donateur.

L'église de *La Martorana* est également appelée *Santa Maria dell'Ammiraglio*, du nom de son fondateur Giorgio Antiocheno, grand amiral de Sicile. Érigée en 1143, elle fut donnée, au milieu du XVe siècle, aux Sœurs bénédictines de l'Ordre établi par Goffredo et Luisa Martorana. De la place Bellini, on aperçoit la façade disparate ajoutée au XVIe siècle, mais la coupole, le campanile et plusieurs parties de l'édifice, sont parfaitement conservés ; et l'on peut suivre dans l'envolée des ogives, dans la structure des colonnes, dans les chapiteaux ciselés, les transformations des arts normand, arabe et sicilien, qui s'harmonisent, se marient, se confondent.

Sur la corniche, est fixée une inscription grecque qui rappelle en termes naïfs la donation du temple : « Moi, Giorgio, ton serviteur, ô noble Vierge-Mère, je t'offre humblement ce temple avec grand amour... »

La Martorana, qui excita l'admiration enthousiaste du voyageur arabe Ebn Djobair (1), est, comme la plupart des églises, divisée intérieurement en trois nefs. Les murs sont recouverts à la partie basse de porphyre et de vert antique, et, en haut, tapissés de mosaïques merveilleuses. Une d'elles représente la Vierge reconnaissante qui

---

1. Dans ses *Mémoires*, il qualifie le campanile : « *Una delle piu stupende costruzioni che si possono vedere.* »

remet à son divin Fils une supplique en faveur de l'amiral : « *O Verbo figluolo, custodisci sempre, e da ogni sciagura preserva Giorgio, primo di tutti i principi, il quale mi à eretto dalle fondamenta questo tempio ; e gli concedi la rimissione dei peccati, poichè tu solo come Dio ne ài il potere* (1). »

Une autre mosaïque nous fait assister au couronnement de Roger par JÉSUS-CHRIST en personne.

Un souvenir historique se rattache à cette église. Le peuple y tint ses assises au lendemain des Vêpres siciliennes et y choisit pour chef Mastrangelo. C'est devant ses autels que les barons assemblés jurèrent fidélité à Pierre d'Aragon.

L'antique église de *San Cataldo* est adossée à la Martorana. Les érudits ne sont pas encore fixés d'une façon bien certaine sur son origine. Pendant longtemps on crut qu'elle avait été construite en 1181 sous Guillaume Ier par l'amiral Majone de Bari, mais elle est plus ancienne. On s'appuyait sur un acte de vente en vertu duquel le comte de Marsico concédait à la douane des barons : « *omnes domos meas quas Majo quondam amiratus in eadem civitate construxit*

---

1. « O Verbe, mon Fils, garde toujours et protège contre tout malheur Georges, le premier de tous les princes, qui a érigé pour moi les fondements de ce temple ; accorde-lui la rémission de ses péchés, puisque, en qualité de DIEU, tu en as seul le pouvoir. »

in honorem gloriose Genitricis Dei et Virginis Marie, quas etiam domos dominus noster gloriosissimus quondam Rex IV. recolende memorie vendidit et concessit comiti Silvestri patri meo.. Dono etiam et concedo predicte duane regie, ad opus supradicti domini nostri gloriosissimi Regis W. et heredum suorum, totum jus quod pater meus supranominatus comes Silvester in Ecclesia que est in predictis dominibus constructa, et pertinentiis ejus habuit, et ego usque modo habui (1). »

Je cite ce document, que relate M. Vincenzo di Giovanni dans *La Topografia antica di Palermo*, parce qu'il en existe d'autres similaires et qu'on peut généraliser les indications qu'il comporte. En réalité, les églises n'étaient jamais la propriété des seigneurs ni même des souverains. Le comte Marsico n'était ni le fondateur ni le possesseur de l'église. Ses droits consistaient vraisemblablement en privilèges. Sa famille pouvait disposer des caveaux pour ses sépultures et il nommait lui-même les chapelains.

San Cataldo est de forme rectangulaire. Deux colonnettes coupent les angles extérieurs de l'abside centrale.

Toutes les maisons que je possède dans la cité de Palerme, et notamment celles que Majone, naguère amiral en cette ville, édifia en l'honneur de la glorieuse Mère de Dieu la Vierge Marie, et que notre très glorieux maître et roi, de vénérée mémoire, vendit et céda au comte Silvestre mon père... Je donne et cède aux douanes royales de notre très glorieux souverain et de ses héritiers tous les droits et privilèges que mon père possédait sur l'église, droits qu'il m'a légués et dont j'ai usé.

Les chapiteaux sont de style grec ; trois coupoles couronnent l'édifice. Une corniche ajourée l'entoure à l'intérieur. Les murs ne conservent la trace d'aucune décoration, et le pavé, en pierre dure, est bien conservé.

L'église de *San Giuseppe de' Teatini*, qui forme l'un des coins de la place Vigliena, fut construite au commencement du XVIIe siècle par l'architecte Giacomo Bosio, originaire de Gênes, et inaugurée en grande pompe, en 1645, par le vice-roi marquis de Los Velez. Ses proportions sont monumentales ; elle affecte la forme d'une croix latine. D'énormes colonnes de marbre gris, dont les fûts, d'une seule pièce, ont dix mètres de haut, et que surmontent des chapiteaux corinthiens, soutiennent la coupole. Les fresques, qui se détachent en un puissant relief, sont très intéressantes à détailler. Filippo Tancredi, de Messine, exécuta celles du plafond de la nef centrale, le Flamand Borremans celles de la coupole, et deux artistes siciliens, Carrega et Calandrucci, celles de l'abside majeure.

Les anges de marbre, de style rococo, qui tiennent les bénitiers massifs, dus au ciseau de Marabitti, suffiraient à justifier une visite à San Giuseppe. On y admire encore un *San Andrea Avellino*, de Sebastiano Conca, et un *San Gaetano*, de Novelli.

Deux escaliers symétriques conduisent du seuil à l'église souterraine dédiée à la *Madonna della Providenza*, dont les dimensions sont identiques et où les énormes piliers de marbre ont leurs fondements. J'y suis entré un jour où des prières publiques étaient faites pour demander à la Vierge la cessation d'une épidémie d'influenza; une foule compacte était agenouillée sur les dalles, et des escouades de mendiants garnissaient les abords des bénitiers et des chapelles où brûlaient les cierges. Une odeur pénétrante et nauséabonde se dégageait de cette crypte basse, et l'on éprouvait un impérieux besoin de respirer l'air pur que la brise de mer apportait dans la via Vittorio Emmanuele.

Deux ans après son inauguration, l'église San Giuseppe servit de théâtre à un épisode de l'histoire si mouvementée de Palerme. C'est sous ses voûtes que se rassembla en 1647 le peuple insurgé, et que furent discutées les conditions que Giuseppe d'Alessi imposa au vice-roi espagnol.

Au fond de la place Vittoria se dresse un monument d'aspect sévère : la statue de Philippe V, de Nunzio Morello, érigée en 1856 sur l'emplacement de celle de Philippe IV, brisée pendant la révolution de 1848. Les statues qui ornent le piédestal datent du XVIe siècle ; elles sont l'œuvre de Carlo d'Aprile et de ses élèves. Au premier plan sont sculptées les figures allégoriques des huit principaux royaumes de Philippe IV.

La *chapelle Palatine* est un véritable joyau de style sicilien du XIIe siècle ; il est regrettable qu'elle soit enchâssée dans cet immense palais royal de Palerme devenu monstrueux à la suite de ses nombreuses transformations. Elle fut construite par le roi Roger II avant les basiliques de Cefalù et de Monreale, dont elle contient en miniature les plus belles conceptions artistiques.

La *Cappella*, dédiée à saint Pierre, mesure 23 mètres de long sur 13 mètres de large ; ses ogives s'élancent de deux rangées de colonnes en granit et cipolin, coiffées de chapiteaux corinthiens. Le chœur, auquel un exhaussement de cinq degrés donne une perspective fort heureuse, est éclairé par une coupole de 18 mètres de haut, trouée de huit fenêtres.

Sur le plafond en bois sculpté se détachent des rosaces aux couleurs vives entourées d'inscriptions en coufique. Le chœur seul est moderne, et son style gothique lombard s'harmonise bien avec l'ensemble de la nef. Des mosaïques sur fond d'or, qui s'ombrent de teintes fauves, couvrent les murs ; elles traitent diverses scènes de la vie des apôtres Pierre et Paul, de l'Ancien et du Nouveau Testament.

Du fond de l'abside vous regarde un Christ grandiose. C'est un Dieu enseignant la Vérité ; des anges aux longues ailes l'entourent ; Il bénit la foule et tient en main un livre sur lequel sont gravés ces mots en lettres grecques : « Je suis la lumière du monde ; celui qui me suit ne marche pas dans les ténèbres, mais il aura la lumière de la vie. »

A droite du chœur, une tribune de marbre s'élève sur quatre colonnes et sur deux pilastres surmontés de chapiteaux mauresques. A l'endroit où se tient le prédicateur, un aigle ouvre ses ailes pour soutenir un livre sacré.

Tout près de la tribune est fixé un candélabre de marbre blanc, d'un seul bloc haut de cinq mètres et merveilleusement ciselé, où se manifeste l'influence de l'art arabe. Il est divisé en cinq parties par des feuilles d'acanthe ; dans celle du milieu, un Christ assis jette un regard bienveillant sur le roi Roger prosterné à ses pieds. Ce candélabre est assurément le plus beau spécimen de sculpture que nous ait laissé le XIIe siècle.

Par les nefs inférieures on descend dans une crypte qui fut, s'il faut en croire la tradition, la chapelle où officia saint Pierre quand il séjourna en Sicile à son retour d'Afrique. Le crucifix qui figurait dans le tribunal du Saint-Office orne l'autel. La crypte renferme la pierre tombale du vice-roi Emmanuel-Philibert de Savoie.

Des archives curieuses sont conservées dans la sacristie, notamment l'acte de consécration de la chapelle rédigé en 1140, et écrit en lettres d'or sur des plaques d'argent ; on y admire aussi une cassette en ivoire avec des inscriptions en vieil arabe et un ostensoir émaillé. Des bas-reliefs en marbre ornent l'antisacristie; ils sont modernes, et je ne les mentionne qu'en raison des sujets qu'ils représentent : le baptême de Ferdinand II, les fiançailles de Marie-Christine de Bourbon avec Charles-Félix duc de Gênes, et celles de Marie-Amélie de Bourbon avec Louis-Philippe.

C'est à Palerme que Richard Wagner termina son dernier drame lyrique, et j'imagine que la chapelle Palatine ne fut pas étrangère à l'enfantement de *Parsifal.* Le maître dut souvent contempler ce ciel d'or, « ce vrai ciel de miracle où Dieu semble présent, » suivant la belle expression de Maupassant. Quand le soleil, un moment caché par un nuage, perce doucement son voile et pénètre par les fenêtres de la coupole, l'or brille d'un pur éclat, les mosaïques mystiques s'animent, une harmonie des couleurs ravit les yeux, comme ravit l'oreille cette radieuse symphonie qui clôt le dernier acte... J'évoquai le souvenir des représentations de Bayreuth. Le décor du temple rappelle d'ailleurs la coupole de la chapelle. Les chevaliers de Montsalvat, assemblés par les sons mélancoliques des cloches, entrent lentement dans le sanctuaire. Amfortas, le roi coupable, va, devant le corps inanimé de Titurel, procéder au sacrifice. L'obscurité descend graduellement sur les assistants. Au grondement lugubre de l'orchestre répond un chant cristallin qui semble tomber du ciel, et redit les paroles mêmes de la Cène. Tout à coup une lueur céleste

PALERME. — L'église et le cloître de San Giovanni degli Eremeti.

resplendit dans le calice empourpré ; la consécration du Graal est accomplie et des chœurs d'enfants, placés dans la tribune et la coupole, commentent le miracle de l'amour divin....

Quelle sensation d'art inoubliable ce serait d'entendre cette scène de *Parsifal*, la plus belle conception religieuse réalisée par le génie humain, sous la voûte d'or de cette mystique et rayonnante chapelle !

A cent mètres du Palais-Royal, dans la via dei Benedettini, se trouve une vieille église construite à la même époque que la chapelle Palatine, en style arabe : c'est *San Giovanni degli Eremeti.*

Elle fut édifiée vers 1132 par des ouvriers arabes sur l'emplacement d'un monastère de Saint-Ermède, et c'est par corruption qu'on en a fait Saint-Jean des Ermites. Elle affecte la forme d'une croix égyptienne ; une arcade ogivale coupe en deux sa grande nef. De lourdes coupoles de mosquée émergent de sa toiture en terrasse et de son campanile, que supportent quatre ogives lancéolées. Des restaurations récentes ont mis au jour certaines portions d'un édifice grégorien antérieur à l'église, et les murs conservent encore quelque trace des fresques qui les décoraient. Un cloître du XIVe siècle, fort petit mais d'un beau style, attenait à San Giovanni degli Eremeti. Des lilas et des roses du Bengale embaument ses ruines.

Quand on compare ce monument arabe aux cathédrales gothiques, on se demande comment des architectures aussi dissemblables, qui reflètent les aspirations des races du Nord et du Midi, ont pu trouver un point de contact, s'harmoniser, se fondre; et l'on jugerait la chose impossible, si l'on n'avait sous les yeux tant de basiliques siciliennes où le problème a été merveilleusement résolu.

Chapitre Troisième.

LES ENVIRONS DE PALERME.

La Cuba. — Le couvent des Capucins. — La Villa Tasca. — Monreale : Le Dôme et le Cloître. — San Martino. — La Zisa. — Santa Maria di Gesù et la Grotta dei Giganti. — La Bagheria. — Les ruines de Solunte. — Cefalù et sa cathédrale.

u sud de la Porta Nuova est une vaste place, de forme irrégulière : la Piazza Indipendenza, dont une des faces est formée par une grande bâtisse sans style : le palais d'Orléans. Louis-Philippe y passa quelques années d'exil, et le duc d'Aumale s'y installe toutes les fois qu'il se rend en Sicile pour s'occuper de l'exploitation de son beau domaine de Zucco.

Un peu plus loin, au fond de la cour d'un quartier de cavalerie, se dresse la masse sombre de *la Guba*, vieux château arabe construit pour Guillaume II. L'inscription fixée à la frise a été ainsi transcrite par Amari :

Au nom du Dieu clément, miséricordieux,
Fais attention ici, arrête-toi, admire !

> *Tu verras l'illustre demeure du plus illustre*
> *Des Rois de la Terre : Guillaume II.*

Et la date du monument est relatée:

> *Et de nostre Seigneur le Messie mil et cent, ajoutes-y*
> *quatre-vingt.*

Après avoir été une résidence luxueuse, la Cuba devint sous Henri VI un lieu de supplices et une prison. Aujourd'hui, des cavaliers exécutent l'école de peloton sur ce sol dénudé qu'ombrageaient jadis les massifs d'un vaste jardin. Dans l'allée principale du parc étaient échelonnés de petits pavillons quadrangulaires couronnés de coupoles, dont il existe encore un exemplaire : la *Piccola Cuba*, dans le domaine du chevalier Napoli.

L'intérieur du château a été totalement dévasté depuis deux siècles, et de toutes ses richesses architecturales il ne subsiste plus qu'une voûte alvéolée.

Après avoir dépassé l'Hospice des Pauvres *(Albergo dei Poveri)*, je m'engage à droite dans une rue où s'égrènent quelques maisons de chétive apparence et qui conduit au couvent des Capucins. Le couvent n'offre aucun intérêt artistique. Construit au milieu du seizième siècle par le Frère Bernard de Reggio, sur l'emplacement d'une petite église normande consacrée à **la** *Madonna della Pace*, il fut agrandi et réparé en 1623 par l'amiral Octave d'Aragon. Mais ses catacombes, où, jusqu'en 1882, les riches familles palermitaines avaient coutume de déposer leurs morts, offrent un des spectacles les plus étranges et les plus horribles qu'il soit possible d'imaginer.

Un gardien peu loquace vous fait traverser rapidement une chapelle remplie *d'ex-voto* et vous introduit dans les galeries souterraines. Un frisson vous saisit quand apparaît, par la porte entr'ouverte, cette armée de cadavres sur laquelle la lumière des soupiraux jette des teintes blafardes.

La terre des caveaux des Capucins a la propriété de hâter la décomposition des corps; en moins d'un an, le corps enfoui dans le sol est devenu presque un squelette; la peau est noircie et desséchée, et aucune odeur nauséabonde ne s'en dégage. On peut alors extraire le mort du cercueil et le placer dans les catacombes.

Elles sont là par centaines, ces affreuses momies grimaçantes, tapissant les hautes murailles, les unes debout et côte à côte, comme des fusils appendus à un ratelier d'armes, les autres couchées sur des tablettes, revêtues d'accoutrements bizarres et comportant parfois une recherche de luxe qui fait ressortir davantage encore leur repoussante laideur.

Les femmes sont souvent parées avec grand soin; une coiffe blanche garnie de ruches et de rubans encadre la tête noircie à la bouche béante, aux yeux vides, aux joues convulsées comme dans une suprême crispation de douleur. Des robes qui furent élégantes flottent autour de leurs corps ratatinés et rongés, et les chaussures semblent démesurément larges pour leurs petits pieds desséchés.

Plusieurs galeries symétriques débouchent dans l'allée centrale, prolongeant indéfiniment cette vision d'un monde de squelettes qui semblent voués à une éternelle agitation.

Voici le quartier réservé aux jeunes filles : quelques-unes sont mortes en 1880, à l'âge de dix-huit à vingt ans : on dirait des contemporaines de Sésostris, tant elles ressemblent aux momies conservées dans nos Musées. Elles sont attifées de robes blanches, et des couronnes symboliques sont posées sur leurs fronts racornis.

Plus loin, je vois des enfants dans de minuscules cercueils à couvercles de verre ; leurs petits os n'étaient pas assez rigides pour qu'on pût les fixer debout contre le mur, comme les grandes personnes. Seules, les mères peuvent reconnaître dans ces débris informes les petits êtres qu'elles ont chéris ; mais est-ce bien une consolation de revoir dans un pareil état les babies roses, dodus et joufflus dont on aimerait à garder un souvenir fidèle ?

Dans la triste clarté qui tombe d'une étroite lucarne j'examine le quartier des Abandonnés, de ceux dont les parents négligent de renouveler les vêtements au jour de la Toussaint. Enveloppés dans des sacs de toile noire, serrés au cou et aux pieds par des coulisses, ces paquets lugubres et sans noms — il n'y a plus de pancartes pour les distinguer — resteront accrochés là jusqu'à l'émiettement final de leurs molécules.

Enfin la galerie d'honneur est réservée aux prêtres. C'est une exposition d'habillements sacerdotaux qui furent noirs, violets ou rouges, et sous lesquels apparaissent d'effrayantes momies qui semblent bénir, chanter, rire, prier. L'un, les mains croisées, incline la tête et ouvre démesurément la bouche, comme s'il chantait au lutrin; un autre, plus calme, a l'air d'officier un jour de grande fête ; un troisième sommeille, et sa barrette est prête à tomber de sa tête. En regardant de près, on voit que les rats et la vermine ont facilité l'action destructive du temps. Les os des doigts sont rongés, et ceux du front et du menton sont percés d'innombrables petits trous.

Le poëte Ippolito Pindemonte (1), dans une pièce de vers célèbre, *I Sepolcri*, dédiée à Ugo Foscolo et publiée en 1807, a chanté les Catacombes des Capucins de Palerme.

Après quelques strophes consacrées à l'Etna et aux anti-

1. Né à Vérone le 13 novembre 1753, mort le 17 novembre 1828. Il a publié un nombre considérable de poésies, parmi lesquelles les plus connues sont : *L'Arminio*, *Epistole in Versi*, *I Sepolcri*, *Il colpo del Martello* et *I Sonetti alla memoria di Cagnoli.*

quités siciliennes, il déclare que rien ne lui a paru plus admirable et plus étrange que ces funèbres galeries le jour où les parents viennent visiter leurs morts :

Ma cosa forse più ammiranda e forte
Colà m'apparve : spaziose, oscure,
Stanze sotterra, ove in lor nicchie, come
Simulacri diritti, intorno vanno
Corpi d'anima vôti ...... (1).

On a hâte de sortir de ces longs corridors, de fuir ce spectacle horrible qui suscite le cauchemar et souffle la folie.

Mais, dès qu'on a franchi le seuil du couvent, les paysages ensoleillés écartent les visions macabres qui alors jettent à peine sur vos pensées une teinte de mélancolie.

Je fais une station à la *Villa Tasca* avant de me rendre à Monreale. On y accède par une longue avenue formant charmille. En guise de haies, des cordons de rosiers du Bengale et de géraniums géants à fleurs pourpres courent entre les arbres, et isolent l'allée des bois de citronniers et d'orangers qui s'étendent à perte de vue de chaque côté.

Le jardin, admirablement dessiné, renferme de beaux

---

1. Là quelque chose de plus admirable, de plus terrible m'apparut : des chambres souterraines, vastes, obscures, où dans leurs niches, pareils à des mannequins rigides, se tenaient des corps vides d'âmes...

échantillons de la flore tropicale : des variétés de palmiers aux troncs lisses, noueux, chevelus ; de superbes bambous ; des caoutchoutiers grands comme des arbres ; des arums gigantesques élevant gracieusement vers le ciel leurs cornets blancs, comme pour en recueillir la rosée ; des yuccas ; des camélias aux fleurs simples ; et, dominant le tout, des sapins d'essences très diverses.

Le parc du comte Tasca d'Almerita est sillonné de ruisselets limpides que coupent des ponts rustiques ; des cygnes s'ébattent dans des bassins qu'ornent des cascatelles affectant la forme de gerbes ou de corbeilles. Une petite allée droite, bordée de rosiers à fleurs jaunes et de giroflées au violent parfum, conduit à un mausolée de marbre blanc encadré de cyprès. Par des sentiers qui serpentent au milieu d'une pelouse tapissée de violettes de Parme, on arrive à une sorte de temple érigé au-dessus d'une grotte. A travers les échancrures de la colonnade, on embrasse des yeux une partie de la Conque d'or, les hauteurs de Castellaccio, et le Pellegrino, noyé dans une légère brume qui le fait ressembler à un gros bloc azuré. Les parfums qu'exhalent les fleurs et cette végétation radieuse vous plongent dans une véritable griserie, et je songe à la belle strophe de Leconte de Lisle :

> Et des monts et des bois, des fleurs, de hautes mousses,
> Dans l'air tiède et subtil, brusquement dilaté,

S'épanouit un flot d'odeurs fortes et douces,
Plein de fièvre et de volupté.

Pourquoi les jardiniers ont-ils imaginé de confectionner, au milieu des gazons, des corbeilles en mosaïques de cailloux, où sont dessinés des chiffres ou arabesques fleuris de petites plantes multicolores qui s'échappent des interstices? C'est curieux mais peu joli, et l'industrie humaine fait bien piètre figure en présence de l'œuvre du Créateur.

La Villa, dont les portes sont closes pendant tout l'hiver, n'offre en elle-même aucune particularité intéressante. Sous une terrasse qui prolonge la façade principale a été ménagée une sorte de serre d'été défendue contre le soleil par un treillage de plantes grimpantes et retombantes qui, à l'époque de leur floraison, doivent former un délicieux écran.

Des bustes en marbre blanc fort endommagés sont disséminés dans les allées et les massifs ; les mieux conservés, réunis en demi-cercle de chaque côté de la Villa, semblent former une garde d'honneur aux hôtes de cet Éden.

La route de Monreale, cette route poudreuse qui traverse la Conque d'or en droite ligne jusqu'au village de La Rocca, et s'élève ensuite en pente douce sur le flanc du

La cathédrale de Monreale.

mont Fiascone, était, il y a quelques années encore, jalonnée par des carabiniers. Les voyageurs, effrayés de ce déploiement de force publique, prenaient pour de redoutables brigands les paysans loqueteux qui dévalaient de la montagne en poussant devant eux leurs mules empanachées, et s'imaginaient, au retour de leur excursion, avoir couru les plus sérieux dangers. Les gendarmes restent aujourd'hui dans leurs casernes, et la route construite par l'archevêque Francesco Testa n'en est que plus sûre et plus tranquille.

S'il faut en croire la légende, Guillaume II se reposait après une partie de chasse sur le versant de la montagne, à l'ombre d'un bouquet de bois, quand la Vierge lui apparut et lui indiqua l'endroit où était enfoui un trésor. Le prince reconnaissant édifia en ce lieu une église dédiée à la Mère du Christ : le Dôme de Monreale.

Une ville, qui compte aujourd'hui 18,000 habitants, s'est constituée autour de la cathédrale et du vieux monastère bénédictin qui la prolonge. Cette ville, malgré le voisinage de Palerme, devint célèbre comme centre d'études ; elle donna le jour à d'illustres artistes et lettrés, parmi lesquels on peut citer l'historien Manfredi, le philosophe Vincenzo Miceli, le poète Antonio Veneziano et le célèbre peintre Pietro Novelli.

Les rues étroites, les maisons sales, l'aspect misérable de Monreale contrastent avec les splendeurs de sa basilique, le plus grandiose monument de l'architecture sicilienne du moyen âge.

L'église, bâtie en forme de croix latine, s'élève sur une petite place; deux tours carrées, de hauteur inégale, flanquent sa façade et en dépassent l'alignement. Le grand portail en bronze est une véritable merveille. L'artiste qui l'a ciselé, l'a signé et daté : A. D. MCLXXXVI. IND. III *Bonnanus, Civis Pisanus, me fecit.*

Au XIIe siècle, Pise tenait un des premiers rangs parmi les villes commerçantes de la Méditerranée : elle était la rivale de Venise et de Gènes et fut à l'avant-garde des peuples européens qui luttèrent contre les Infidèles. Non contente de donner à la cause de la civilisation chrétienne des galères et des héros, elle enfanta aussi des artistes, et son grand sculpteur Bonnano s'illustra à jamais par les portes de bronze des basiliques de Pise et de Monreale. Les premières furent détruites dans le désastreux incendie de 1596; mais celles de Monreale subsistent, et elles suffisent amplement à consacrer la gloire de leur auteur. Les sujets en sont empruntés aux scènes de l'Histoire Sainte et contiennent des légendes en langue vulgaire. L'arceau gothique qui encadre le portail est digne de ce chef-d'œuvre; il est impossible de fouiller la pierre et de la denteler avec plus de vigueur et d'harmonieuse finesse.

Les portes latérales, également en bronze, sont aussi fort belles; elles sont l'œuvre de Barisano de Bari.

Quand on pénètre à l'intérieur du Dôme, une sensation faite d'admiration, de recueillement,de joie mystique s'empare de vous. Guy de Maupassant l'a éprouvée et justement définie : " Ce qui fait si violente l'impression produite par ces monuments siciliens, c'est que l'art de la décoration y est plus saisissant au premier coup d'œil que l'art de l'architecture. L'harmonie des lignes et des proportions n'est qu'un cadre à l'harmonie des nuances. On éprouve, en entrant dans nos cathédrales gothiques, une sensation sévère, presque triste. Leur grandeur est imposante, leur majesté frappe mais ne séduit pas. Ici, on est conquis, ému par ce quelque chose de presque sensuel que la couleur ajoute à la beauté des formes (1). "

La lumière qui semble tomber du ciel fait scintiller le fond d'or des mosaïques byzantines; les parois inférieures sont revêtues de plaques de marbre, ce qui met en relief les richesses ornementales de la voûte. En haut, au fond de l'abside, un Christ énorme, dont les traits énergiques sont admirablement burinés, couvre de sa divine protection tous les fidèles agenouillés sur les dalles.

Les sujets des mosaïques sont empreints de cette naïveté mystique qui donne tant de charme aux conceptions du moyen âge.

Voici d'ailleurs quelques détails que j'emprunte à un

---

1. *La Vie errante*, p. 59. (Ollendorff, 1890.)

consciencieux travail de M. Luigi Natoli, et qui permettront de se rendre compte des splendeurs du Dôme érigé par les soins de Guillaume II, complété au XVIe siècle par l'archevêque Alexandre Farnèse, et restauré partiellement à la suite de l'incendie de 1811 :

Dix-huit colonnes de granit se soudent harmoniquement à la voûte ogivale de la nef, dont les parois sont entièrement tapissées de mosaïques. Ces mosaïques couvrent une superficie de 6340 mètres carrés, et les sujets traités sont divisés en trois séries : des scènes de l'Ancien Testament, de la Vie de Jésus et des Actes des Apôtres. Vingt compositions se rattachant à l'Ancien Testament jusqu'à la lutte de l'Ange contre Jacob décorent la nef centrale, et des rangées de 9 et 15 tableaux empruntés au Nouveau Testament ornent les nefs latérales. Au-dessus des arcades du transept sont figurés des épisodes de la vie des saints apôtres Pierre et Paul. La Vierge, encadrée de deux anges et entourée d'apôtres, trône sous le buste monumental de son divin Fils. Des sarcophages placés entre l'abside et la nef de droite contiennent les ossements de Guillaume Ier et de Guillaume II, et dans la nef de gauche, adossés aux murailles, se trouvent les tombeaux de Marguerite, de Roger et de Henri, femme et fils de Guillaume Ier.

Deux trônes surmontés de dais se font face : celui du roi et celui de l'archevêque. Au-dessus du premier, Jésus-Christ en personne ceint de la couronne royale le front de

Guillaume II ; et, au-dessus de l'autre, ce même prince offre à la Sainte Vierge une réduction finement ciselée de la cathédrale. Dans le voisinage des sarcophages se dresse un petit autel destiné à perpétuer le souvenir de la sépulture provisoire de saint Louis, roi de France, mort à Tunis pendant la dernière Croisade.

La sacristie, dont les portes en bois sculpté sont fort belles, contient un ciboire et une urne en métal émaillé qui remontent à l'époque de la construction du Dôme. Parmi les chapelles, toutes postérieures au XIIe siècle, les plus intéressantes sont la *Cappella del Crocefisso* et celle de l'archevêque, dont les plafonds ouvragés représentent l'histoire de la Passion. La chapelle de Saint-Benoît, avec ses marbres en relief du XVIIIe siècle et son style composite, dépare tant soit peu cet admirable temple, et l'on en souhaiterait la destruction si elle ne renfermait quelques bonnes sculptures de Marabitti.

De l'ensemble grandiose de constructions formé par le couvent et le palais archiépiscopal, il ne reste plus que quelques murs et le superbe cloître qui fait l'admiration des architectes et des artistes.

D'ordinaire, les Siciliens laissent aux touristes le libre accès de leurs monuments, mais ici, ils se sont conformés aux coutumes italiennes, et, pour pénétrer dans le sanctuaire, il faut s'encastrer dans un tourniquet, sous l'œil vigilant de plusieurs gardiens. On traverse d'abord un large vestibule formant la cage d'une escalier de pierre où deux tableaux d'inégale valeur sollicitent le regard. A droite, c'est la *Benedizione dei pani di S. Benedetto*, de Pietro Novelli : saint Benoît est représenté entouré des supérieurs de son Ordre. La pose des personnages, l'expression des physionomies, l'harmonie des couleurs : tout décèle un peintre de grand talent. Je n'en saurais dire autant de l'autre toile, due au pinceau du Palermitain Vélasquez, qui a voulu fixer pour la postérité la légende de l'origine de Monreale : *Il Rinvenimento di un tesoro*. Puis un étroit corridor débouche dans le cloître, et ces longues galeries voûtées, qui procèdent à la fois des génies normand et arabe et associent le Nord et l'Orient dans une grandiose conception artistique, prédisposent à la méditation et au recueillement. Deux cent seize colonnes accouplées supportent les ogives. Dans un angle, je vois une fontaine de style arabe, dont la vasque affecte la forme d'une coupe de champagne: c'étaient les fonts baptismaux. Tous les chapiteaux, toutes les colonnes comportent des dessins différents, tantôt sobres, représentant un léger feuillage qui grimpe en tournant comme le lierre autour d'un chêne, tantôt compliqués et bizarres avec des figures d'hommes, d'animaux, de monstres ; les mosaïques, usées par les siècles, se sont peu à peu détachées de la pierre et du marbre, mais leur empreinte est restée, et cela suffit à donner une idée de ces incomparables beautés ornementales.

Sur un chapiteau, le huitième de la face occidentale en partant de la fontaine, Guillaume est représenté offrant au Christ la cathédrale, et l'entablement porte gravée cette phrase : *Rex qui cuncta regis, Siculi data suscipe regis* (¹). Une autre colonne de la face septentrionale est signée : *Ego Romanus filius Constantinus Marmorarius.* C'est le seul des habiles sculpteurs du cloître dont on possède le nom.

De Monreale, un sentier assez escarpé, qui contourne le *monte* la Mela, conduit à l'antique couvent de Bénédictins érigé au VIe siècle par Grégoire le Grand : *San Martino.* On laisse sur la droite Castellaccio, vaste forteresse démantelée et délabrée, juchée comme un nid d'aigle au sommet d'un pic, et qui servit longtemps de quartier général aux brigands qui opéraient dans les environs de Palerme.

Le couvent a été transformé en établissement agricole, et les visiteurs y admirent de nombreuses variétés d'orchidées. Dans la chapelle, dont le chœur (du XVIe siècle) est bien conservé, se trouve une belle fresque attribuée à Vincenzo Romano.

Je descends pédestrement la vallée de Boccadifalco, jusqu'à la jonction de la route de la Rocca, où m'attend

---

1. « Roi qui gouvernes tous les royaumes, reçois ce présent du roi de Sicile. »

la voiture que j'ai quittée à Monreale. Près de là, sur une route formant terrasse, s'élève le monastère de Baïda, que Manfred Chiaramonte fit construire en 1388 pour les moines Cisterciens.

Mais il se fait tard, et les cimes des montagnes roussies et dorées par le soleil s'assombrissent et prennent des teintes bronzées. Mon " vetturino ,, a hâte de regagner Palerme, et j'obtiens à grand' peine qu'il fasse un petit détour pour passer devant *la Zisa*.

Zisa dérive de *Kasr el Aziz*, qui signifie : Palais du Glorieux. Les archéologues ne sont pas encore absolument fixés sur les origines de cette massive construction. Les uns l'attribuent aux Arabes, les autres à Guillaume 1er. C'était naguère une résidence délicieuse, dont le parc renfermait, comme celui de la Cuba, des pièces d'eau, des cascades, des massifs et des bosquets fleuris. L'archevêque de Salerne, Romualdo, parle de la Zisa avec enthousiasme dans ses mémoires, et le voyageur Leandro Alberti, qui la visita au XVIe siècle, en a laissé une description si précise qu'elle suffirait presque pour sa restauration. Les doubles fenêtres, d'un style très pur, ont été remplacées par de larges baies assez disgracieuses ; le vestibule avec sa voûte en alvéole, la fontaine, le dispositif intérieur d'une chambre, sont les seuls vestiges fidèlement conservés de l'édifice primitif.

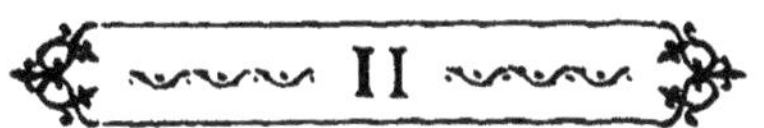

SI, par une belle matinée d'hiver, vous disposez de trois ou quatre heures, louez un cheval ou une mule et allez à *Santa Maria di Gesù*, ancien monastère minorite gracieusement planté sur le flanc septentrional du mont Grifone. Vous y jouirez d'une vue magnifique de Palerme et de son golfe.

On sort de la ville par la porte Garibaldi et le *Corso dei Mille* ; on franchit sur un modeste pont l'Oreto, ce ruisseau au lit ensablé que l'on sauterait à pieds joints et qui est pompeusement baptisé *fiume* (fleuve) sur les cartes siciliennes. — A gauche de la route et au milieu des terres, se dresse un pont dont la voûte très arquée ressemble à une immense ogive. L'amiral Giorgio Antiocheno l'édifia en 1113, et il est connu sous le nom de *Ponte dell'Ammiraglio*.

C'est un curieux spécimen de l'architecture normande importée en Trinacria, et le premier pont de pierre construit après la chute de l'empire romain.

On passe à deux reprises la voie ferrée qui, profondément encaissée, contourne l'enceinte de la ville, et, laissant à droite le chemin de Villagrazia, l'on s'engage dans la voie rectiligne qui aboutit au couvent de Santa Maria di Gesù.

Un cimetière formé de terrasses étagées précède la petite église et les modestes constructions qui y sont contiguës. Ce lieu de repos n'est pas sans analogie avec celui de San Miniato, qui domine Florence et la coquette vallée de l'Arno.

Des monuments de marbre garnissent les premiers degrés ; ce sont des urnes, des colonnes tronquées, des pyramides, au pied desquelles sont appuyées des femmes éplorées dont un léger voile de pierre dissimule généralement les traits ; parfois le buste du défunt surmonte le tombeau et ses mérites sont gravés sur le piédestal en termes dithyrambiques. Des massifs de roses et de lilas bordent les allées du cimetière, et le parfum qui s'en dégage est délicieux. L'image de la mort n'a rien d'effrayant dans ce cadre poétique, sous ce ciel pur, devant cette mer bleue, à l'ombre de cette montagne dorée ; et je ne conçois pas que les Palermitains, qui auraient pu dormir ici leur dernier sommeil, aient mieux aimé voir dessécher leurs squelettes dans les horribles catacombes des Capucins.

A l'étage suivant, je remarque une série de petites chapelles entourées de cyprès constituant des caveaux de famille ; le style en est varié, mais les rosaces de mosaïques et les revêtements de marbres aux couleurs vives ne sont pas toujours d'un goût parfait. Je gravis les dernières marches et atteins la terrasse supérieure. Le sol disparaît entièrement sous les tombes juxtaposées, tombes modestes, sans le moindre relief, qui semblent à jamais abandonnées des parents et amis des morts. Il faut se baisser pour déchiffrer les inscriptions à demi effacées par les pas des vivants; l'une, rédigée en français, retient longtemps mon regard. Le feuillet sur lequel je l'avais transcrite s'est égaré; je la cite de mémoire :

ICI REPOSENT

JEANNE DE V.., NÉE L..., MORTE A 28 ANS

LE 10 MAI 1873

ET

ANNE-MARIE DE V..., MORTE A 6 ANS

LE 20 MAI 1873.

LEUR MARI ET PÈRE INCONSOLABLE

VOUS DEMANDE DE

PRIER POUR LE REPOS DE LEURS AMES.

Le vieux moine qui m'accompagne remarque mon émotion ; gardien du cimetière depuis une trentaine d'années, il a vu passer bien des cortèges funèbres sur ces dalles de marbre, mais il se rappelle ce " *Signor francese* " qui, deux fois en dix jours, gravit les degrés de ce douloureux calvaire et vint déposer à l'ombre de la petite église sa femme et son enfant. La colonie étrangère de Palerme s'associa pieusement à ce deuil de notre compatriote, et en garde encore le souvenir. J'ai pu reconstituer cette cruelle histoire :

Lui, gentilhomme breton, était officier pendant l'année terrible. Grièvement blessé à Sedan, il fut fait prisonnier et interné dans une citadelle poméranienne.

Elle, gracieuse jeune femme blonde, tomba gravement malade chez ses parents en apprenant la blessure de son mari. Pendant deux longs mois elle resta sans nouvelles ; puis elle apprit qu'il vivait, et partit avec sa fille pour le retrouver en Allemagne.

Les fatigues du voyage par le plus rigoureux des hivers, les angoisses et les inquiétudes l'épuisèrent, et quand, au printemps de 1871, ils revinrent tous trois en France, elle avait déjà contracté le germe de la maladie de poitrine qui devait l'enlever.

Lui était guéri. Il n'hésita pas à briser sa carrière et donna sa démission d'officier. Ils s'installèrent à Menton, dans une jolie villa rose, et il entoura sa femme de tant de soins, il lui donna des preuves si touchantes de son amour et de sa volonté de la guérir, que le mal sembla reculer. Mais la petite Anne-Marie se prit aussi à tousser, ses joues se décolorèrent peu à peu, ses yeux bleus s'alanguirent et une pleurésie se déclara. L'été fut clément aux deux malades, mais quand tombèrent les feuilles, les médecins conseillèrent à M. de V.... de chercher pour les siens un climat plus doux et un soleil plus chaud. Ils s'embarquèrent pour la Sicile et passèrent l'hiver à Palerme. Jeanne et sa fille reprenaient des forces ; elles passaient de longues heures avec M. de V.... sous les charmilles du Jardin anglais, et c'est à peine si, de temps à autre, une petite toux sèche venait couper leurs tendres causeries. Le premier jour de mai, on alla porter des fleurs à l'église Saint-Joseph en l'honneur de la Vierge Marie ; le lendemain, le sirocco souffla en tempête et la " pluie rouge " tomba du ciel. La température s'éleva brusquement, et les gens les mieux portants se sentirent oppressés et affaiblis... Jeanne et Marie-Anne s'alitèrent ; le mal qui déchirait leur poitrine se développa rapidement et M. de V..., fou de douleur, conduisit les chères aimées vers la jolie colline où les Minorites ont placé le couvent de Santa Maria di Gesù......

J'effeuille sur leur tombe les roses blanches que m'a offertes un petit pâtre au moment où je franchissais la grille du cimetière, et je visite rapidement l'église, blanchie à la chaux, où l'on remarque les vestiges très visibles des peintures murales qui la décoraient au XVe siècle. Les sculptures de la porte centrale sont curieuses, et, dans une chapelle contiguë, placée sous le vocable de saint Bernardin de Sienne, on me montre une fresque attribuée au bienheureux Lorenzo de Palerme.

La fontaine de marbre qui fait face à l'église est finement ciselée : c'est le vice-roi duc d'Alcala qui en fit don au monastère en 1634.

Avant de descendre les marches de la terrasse, je contemple encore le panorama de Palerme. Du haut sommet du Pellegrino, les édifices paraissent aplatis et écrasés, les bassins ressemblent à une minuscule pièce d'eau, et les plus grands navires à des canots. D'ici, au contraire, la perspective est merveilleusement ménagée ; le Dôme et les trois clochetons de la cathédrale se détachent nettement et font ressortir la masse imposante de l'édifice. Au milieu du fouillis des rues entrecroisées on distingue les principaux monuments, et les jardins mettent au milieu des teintes grises de larges taches vert d'émeraude.

Un petit chemin qui part de la base du mont Grifone conduit en un quart d'heure à la *Grotta dei Giganti*. Ce chemin est considéré comme carrossable par les indigènes, mais son étroitesse et la profondeur des ornières le rendent à peu près impraticable. Autant vaudrait entrer dans un champ par une brèche de la haie de cactus et marcher à l'ombre des citronniers.

La grotte est voisine de la petite église de *San Ciro ;* et le rocher dans les flancs duquel elle est creusée domine la route de Ciaculli. Imaginez un large trou noir aux contours irréguliers. Vous descendez quelques mètres et enfoncez jusqu'aux chevilles dans une boue fétide. Les habitants du hameau ont trouvé pratique d'utiliser la grotte comme étable pour leurs troupeaux de chèvres, et ils n'ont pas eu la délicatesse de réserver un passage pour les visiteurs. Une famille anglaise qui m'a précédé dans la caverne déplore bruyamment cette coupable incurie.

Le sol se redresse ensuite brusquement, et il faut faire une ascension véritable pour atteindre le fond de la grotte. Une bande d'enfants et de vieilles femmes s'engage à votre suite sous la voûte rocheuse, vous éclairant avec des allumettes-bougies et trébuchant dans vos jambes sous prétexte de vous guider. A la sortie, on a toutes les peines du monde à se débarrasser de cette gent dépenaillée qui veut vous vendre des fragments minuscules et peu authentiques d'hippopotames et d'animaux fossiles.

Je reviens à Palerme par la route de Brancaccio et m'arrête un instant devant les ruines de la célèbre résidence royale de *La Favara*. Un grand nombre de châteaux-forts entouraient la ville à l'époque de la domination arabe. Celui-là, appelé aussi *Castello di Mare dolce*, à cause de son immense étang artificiel, avait été construit par l'émir Kelbita Giafar, et devint en 1071 la propriété de Roger, duc des Pouilles.

A deux kilomètres de là, tout près de l'embouchure de l'Oreto, se trouve *San Giovanni dei Lebbrosi*, l'une des plus anciennes églises édifiées en Sicile par les Normands et dont il reste encore quelques fenêtres bien conservées. Un hôpital de lépreux avait été annexé à cette église : il fut plus tard, faute de malades, affecté aux poitrinaires et aux fous.

C'est dans l'angle formé par le fleuve et la mer que le

consul Metellus tailla en pièces les forces carthaginoises en l'an 251 avant Jésus-Christ; et dans la baie, en 1673, Duquesne, le hardi marin que Louis XIV eut la bonne inspiration d'opposer à Ruyter, fut victorieux des flottes alliées de l'Espagne et des Pays-Bas.

III

Au siècle dernier, les nobles de Palerme ne se contentèrent plus de leurs palais urbains, et il fut de mode de posséder une résidence dans le voisinage de la petite ville de *Bagheria*, sise à proximité de la mer et abritée du vent du nord par les rochers du cap Zaffarano.

On vint s'installer là pour les mois d'été, on rivalisa de luxe dans la construction des villas, et, il faut bien le dire, on rivalisa de mauvais goût dans leur décoration.

Il suffit, pour s'en convaincre, de visiter la villa Palagonia, pleine de statues et de bustes qui sont de véritables monstres, et la *Certosa* (chartreuse) du palais Butera, couvent fantastique peuplé de personnages de cire: l'un joue du violon, un autre est muni d'un balai, un troisième semble absorbé dans ses méditations et tient un livre en main; la plupart de ces poupées de cire — dont la perfection plastique est loin d'égaler celle des musées Tussaut et Grévin — représentent des personnages historiques.

Les ruines de Solunte.

La villa Valguarnera a le double avantage d'être moins extraordinaire et de posséder une vue superbe de la terrasse et de la Montagnola.

Tout près de la petite gare de Santa Flavia, on a découvert en 1864 des sarcophages phéniciens-carthaginois. C'est de là que part une jolie route qui traverse des jardins, s'élève en pente douce sur le flanc Est du mont Catalfano, et conduit aux ruines de Solunte.

Ce sont les Phéniciens qui, douze ou quatorze siècles avant l'ère chrétienne, fondèrent la ville primitive de *Solœis* ou *Soluntum*. Rebâtie par les Romains, elle fut saccagée et détruite à nouveau par les Sarrasins. Les fouilles, commencées en 1826 et poursuivies depuis lors sans beaucoup de méthode, ont mis à découvert les ruines romaines. On a déblayé assez convenablement la route pavée qui monte en lacets sur la colline. Comme toutes les villes construites d'une seule pièce, Solunte affectait une forme régulière : les rues divisaient les pâtés de maisons en carrés d'égale étendue. Des mesures avaient été prises pour faciliter l'écoulement des eaux, et des rigoles en pierre suivaient la pente naturelle du sol.

En certains endroits on peut se rendre compte de l'aménagement intérieur des maisons. Le professeur Cavallari a étudié et tenté de reconstituer, en le baptisant "Gymnasium", un vaste édifice pourvu de colonnades ; on reconnaît aussi l'emplacement que devait occuper le forum ;

mais ces ruines paraissent bien confuses et endommagées aux touristes qui ont exploré celles d'Herculanum et de Pompeï.

La statue de Jupiter assis, conservée au Musée de Palerme, est le plus beau spécimen de l'art antique qui ait été trouvé dans les fouilles. Les tombeaux gréco-phéniciens, qui sont placés dans la Salle des Métopes, ont été découverts près du petit ruisseau qu'on traverse avant d'arriver à Bagheria (l'*Eleutheros* des anciens). Là s'élevait autrefois une cité phénicienne, dont les Arabes firent une place forte: *Kasr-Sâd*. Il n'en subsiste pas le moindre vestige. Solunte, plus favorisée, garde des témoins monumentaux de sa vie passée; et un petit village de pêcheurs, Solanto, perpétue son nom.

Je préfère les bateaux aux chemins de fer, même lorsque les vagues vous secouent au lieu de vous bercer, et pour me rendre de Palerme à Cefalù je m'embarquai par une belle nuit étoilée sur une tartane. Il soufflait une bonne brise d'ouest et le léger navire, fortement incliné sous l'action de ses grandes voiles triangulaires et donnant du nez dans la houle, filait presque aussi vite que les petits vapeurs qui font le cabotage sur les côtes siciliennes.

Quand le soleil, émergeant du massif du mont Sori, nous lança ses rayons rouges, nous avions dépassé la petite rade de Termini et étions par le travers du village de Roccella. Le patron de la barque donna un coup de barre, et nous nous rapprochâmes de la terre. Une flottille de bateaux de pêche évoluait tout près de la plage.

C'était l'époque de la pêche du thon. Tous les ans, vers le milieu de mai, presque à jour fixe, ces poissons voyageurs, à la chair rose et ferme, quittent les grands fonds de la Méditerranée et viennent s'ébattre en bandes innombrables le long des côtes de Sardaigne et de Sicile. Alors tout *marinaio* possesseur d'un canot ou d'un bachot participe au massacre. On tend de vastes filets plombés qui circonscrivent dans la mer une sorte de parc que l'on rétrécit progressivement. Les thons sont ainsi refoulés vers la plage, et quand il n'y a plus que quelques pieds d'eau, les pêcheurs les lardent avec de longues gaffes ou les assomment à coups d'aviron.

Nous carguons une voile pour jouir un peu plus longtemps de ce curieux spectacle, puis nous reprenons notre allure : le petit cap Plaja est doublé et nous jetons l'ancre devant Cefalù.

La ville, qui compte aujourd'hui environ 15,000 habitants, se développe au pied d'un énorme rocher quadrangulaire que dominait l'antique cité grecque de *Kephalodion*. Les murailles crénelées qui en défendaient la crête sont encore visibles en certains endroits, mais les édifices ont disparu, et l'on ne remarque plus qu'un petit temple cyclopéen, le plus vénérable débris de la Sicile par son ancienneté, d'après Élisée Reclus, "ruine de trente siècles, que n'a pu encore ronger le temps."

Les historiens mentionnèrent pour la première fois Kephalodion à l'occasion de la lutte engagée entre Denys Iᵉʳ et Carthage. Les Arabes l'assiégèrent inutilement en 837, mais s'en emparèrent en 848. Au commencement du XIIᵉ siècle, le vaisseau qui ramenait d'Italie le roi Roger fut assailli par une épouvantable tempête, et le prince fit vœu d'ériger une église à l'endroit où il toucherait terre, si DIEU voulait le sauver. D'après la légende, c'est à Cefalù que le navire put aborder, et Roger, reconnaissant, fit ériger le Dôme dédié au Christ et aux Apôtres. La chose n'est cependant pas absolument certaine, car la charte de fondation, rédigée en 1145 et conservée dans les archives épiscopales, ne contient aucune allusion à ce vœu.

La ville de Cefalù, dotée d'un évêché, d'une sous-préfecture, d'une école de navigation, et qui fait un commerce assez important de manne, de sardines et d'huile, n'est pas très hospitalière. Les auberges sont sales; un cortège d'indigènes faméliques s'attache à vos pas pour demander l'aumône, et ceux qui ne sont pas assez agiles pour ramasser quelques sous de la poignée de menue monnaie que vous leur jetez, vous poursuivent longtemps de leurs malédictions. Aussi, dès qu'on a parcouru le plateau rocheux et visité le Dôme, il est prudent de regagner son bateau, ou, si le vent

Le Dôme de Cefalù.

n'est pas propice, de monter dans le train, qui, en deux heures et demie, vous ramène à Palerme.

Mais le Dôme est superbe, et il faut le contempler longuement. La façade est adossée à d'énormes blocs de rochers avec lesquels l'édifice paraît se confondre.

Deux tours carrées, hautes de quatre étages et surmontées de clochetons, sont reliées entre elles par un porche à trois voûtes inégalement arquées.

Pour la première fois, l'ornementation de Byzance est venue s'unir à l'architecture normande, à peine teintée d'art arabe.

Les mosaïques qui décoraient autrefois la colonnade extérieure ont disparu, mais celles qui tapissent l'intérieur de la basilique et ornent la tribune sont merveilleusement conservées : ce sont sûrement les plus anciennes qu'on possède et je n'en ai pas vu de plus belles.

La voûte élancée de la nef est supportée par seize colonnes, dont l'une est en cipolin et les autres en granit.

Enfin, une image du Christ, empreinte d'une majestueuse expression, domine le Cappellone. Quand on demandait à Raphaël, rapporte Émile Montégut, où il trouvait le modèle de ses Vierges, il répondait : " Dans une certaine idée ". Eh bien, c'est aussi dans une certaine idée que les grands artistes qui ont exécuté les divins bustes de Monreale, de Cefalù, de la chapelle Palatine, ont puisé leur inspiration. En calculant les perspectives, en combinant les

minuscules parcelles des mosaïques, ils ont représenté un
Dieu bon mais justicier, un Dieu enseignant les peuples, et
surtout **un** Dieu qui voit tout, dont le regard embrasse
l'ensemble des fidèles qui emplissent l'église, et qui sait
lire au fond de l'âme de chaque être humain les intentions
les plus secrètes, les pensées les plus intimes.

Chapitre Quatrième.

LA SECTION OUEST DE L'ILE.

Aperçu géologique et géographique. — De Palerme à Girgenti. — L'antique Agrigente. — La ville moderne. — Les temples d'Hercule, de la Concorde, de Junon Lacinienne, de Zeus, d'Esculape. — Le tombeau de Théron. — La bataille de l'an 262 avant Jésus-Christ. — La côte sud-ouest. — Les temples de Sélinonte. — Marsala et Trapani. — Les ruines de Ségeste.

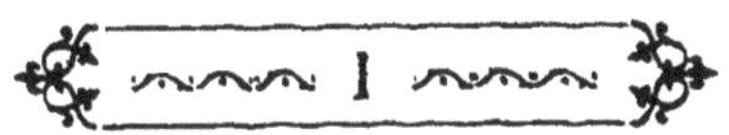

VANT de s'engager dans l'intérieur de la Sicile et d'explorer ses côtes aux aspects si variés, il est bon d'examiner à grands traits sa structure géologique et sa constitution géographique.

C'est la plus grande île de la mer Méditerranée ; sa superficie est de 29,241 kilomètres carrés, et comme elle compte environ trois millions d'habitants, sa densité kilométrique est d'environ 100; elle dépasse de 6 ou 7 la densité moyenne de la population du royaume italien.

Le plateau montagneux qui en constitue la charpente aurait une conformation à peu près régulière, si l'Etna n'écrasait de sa masse toute la région comprise entre Catane sur la mer Ionienne, et Santa Agata di Militello sur la mer Tyrrhénienne.

Les monts Pélore peuvent être considérés comme le prolongement de la chaîne qui forme l'arête de la Calabre ; vers le milieu de leur longueur, au massif du Madonia, ils atteignent leur maximum d'élévation (1970ᵐ). Faits de roches primitives et de transition, que flanquent des contreforts de calcaire et de marbre, ces monts tracent d'abord la bissectrice de l'angle dont Messine est le sommet, puis ils orientent vers l'ouest la ligne de partage des eaux et longent d'assez près les côtes de la mer Tyrrhénienne.

" Des promontoires calcaires, presque entièrement isolés, s'avancent dans les flots au nord des montagnes, et par la beauté de leur profil, la variété de leurs formes, font de cette côte une des plus remarquables de la Méditerranée. Même après avoir visité le littoral de la Provence, de la Ligurie, du Napolitain, on reste saisi à la vue des caps superbes de la côte sicilienne ; on contemple avec admiration l'énorme bloc quadrangulaire de Cefalù, la colline plus doucement ondulée de Termini, les masses verticales de Caltafano, et surtout, près de Palerme, la forteresse naturelle du mont Pellegrino, roche presque inaccessible de vingt kilomètres de tour, où le vieil Hamilcar Barca se maintint durant trois années contre tous les efforts d'une armée romaine. Le mont San Giuliano, qui termine la chaîne à l'occident, est aussi un piton calcaire presque isolé ; c'est l'ancien mont Éryx, jadis consacré à Vénus.

"Toutes les montagnes qui rayonnent de la grande chaîne vers les parties méridionales de l'île, vont en s'abaissant par degrés. La déclivité générale de la Sicile est tournée vers les côtes de la mer d'Ionie et de la mer d'Afrique ; aussi l'écoulement des eaux se fait-il presque uniquement sur ces deux versants ; toutes les rivières à cours permanent, le Platani, le Salso, le Simeto, coulent au sud de l'arête de Madonia: les torrents du versant septentrional ne sont que des *fiumare*, formidables après les pluies, et, durant les sécheresses, perdus dans les champs de pierre, parmi les lauriers-roses. C'est également au sud des montagnes que s'étendent les lacs et les marais de l'île : les *pantani* et le lac ou *biviere* de Lentini, la plus grande nappe d'eau de la Sicile ; le lac de Pergusa ou d'Enna, entouré jadis de gazons fleuris ; « le vivier » de Terranova et plusieurs autres marécages qui furent autrefois des golfes de la mer. Autant la côte septentrionale est pittoresque, imprévue de contours, hérissée de promontoires, autant la côte du sud est uniforme et rhythmée en anses également infléchies, sableuses et manquant d'abri. Sur ce rivage, les ports naturels sont rares et périlleux : pendant les tempêtes d'hiver, les navires ont à courir de grands dangers dans ces parages (1). »

Des terrains tertiaires constituent le vaste plan incliné

---

1. *Nouvelle Géographie Universelle* par Élisée Reclus. Tom. I, p. 539.

qui descend de l'arête principale vers la côte comprise entre
Marsala et Terranova. Des strates plus modernes chargées
de fossiles les traversent. L'âge des argiles et des filons calcaires a été déterminé par divers géologues, et notamment
par Lyell, en comparant la proportion et la nature des tes-
tacés recueillis dans les roches et dans la mer. Sur aucun
autre point de l'Europe les couches tertiaires n'atteignent
de pareilles altitudes : près de Castro-Giovanni, les terrains
postpliocènes s'élèvent à 900 mètres. D'autre part, dans la
région etnéenne, au sud de la plaine de Catane, on constate
l'alternance des couches tertiaires avec les strates de matières volcaniques, ce qui ne saurait s'expliquer que par
l'hypothèse d'éruptions sous-marines qui ont consolidé les
roches primitives avec un mélange de calcaire et de tuf.
« Tandis que les argiles, les sables, les amas de coquillages
se déposaient en lits réguliers au fond de la mer, des bouches
d'éjection s'ouvraient soudain, pour vomir des cendres et
des scories, puis la mer recommençait son œuvre ; elle éga-
lisait les débris et formait de nouvelles couches alluviales,
que d'autres matières volcaniques venaient crevasser et
recouvrir. »

Il y a encore aujourd'hui maintes preuves de l'ignition
active du sous-sol trinacrien, et ces preuves sont visibles
ailleurs que dans le voisinage de l'Etna. Le lac Fittija, situé
dans la vallée d'un petit tributaire du Gurnalunga, renferme
plusieurs petits cratères qui lancent au-dessus des eaux

bourbeuses d'épaisses vapeurs blanches chargées de gaz irrespirables. On observe un phénomène analogue, mais à d'assez longs intervalles, dans le lac de Pergusa, ancien cratère d'un diamètre de plus de deux kilomètres. Quand se produisent les éruptions gazeuses, les poissons qui le peuplent sont immédiatement foudroyés et remontent à la surface. Non loin de Girgenti, il existe aussi de minuscules cônes volcaniques, les *Maccalube*, qui vomissent périodiquement une boue argileuse.

Les mines de soufre sont encore une des manifestations de l'agitation chimique du sol, car elles proviennent du sulfure de chaux apporté par les éruptions à l'époque miocène et décomposé par les intempéries. Toute la zone où on les exploite est également féconde en sel gemme et en gypse.

De superbes forêts couvraient naguère la majeure partie de la Sicile et, du temps des Grecs et des Arabes, les bois de construction de l'île jouissaient d'une réputation universelle. Mais les défrichements, commencés au XVI siècle, ont pris depuis une soixantaine d'années une telle extension, que la partie boisée n'excède plus aujourd'hui quatre pour cent de la superficie totale.

Le climat est délicieux et serait idéal sans le sirocco qui souffle du sud-est une douzaine de fois par an et dessèche tout sur son passage, particulièrement dans les environs de Palerme. Les villes, entourées d'étangs et de bas-fonds marécageux, sont cependant assez malsaines en été et occasionnent des fièvres analogues à la *malaria* de la campagne romaine. La température ne subit pas d'écarts considérables. Au cœur de l'été, il fait moins chaud en Sicile qu'à Florence, et pendant les nuits d'hiver, il est fort rare qu'il fasse même une gelée blanche. Les différentes villes maritimes ont d'ailleurs un régime climatérique qui dépend de leur situation géographique. Grâce au voisinage de l'Etna, le thermomètre descend plus bas et monte plus haut à Catane qu'à Palerme ; Messine et Syracuse sont les deux ports les plus exposés aux vents régnants.

La Sicile est maintenant pourvue d'un réseau ferré assez complet. On peut se rendre en chemin de fer de Messine à Trapani — en décrivant, il est vrai, des courbes fort compliquées — et de Palerme à Port Empédocle. Syracuse et Noto sont en communication avec Catane, et le pays du soufre est suffisamment desservi par la ligne qui se détache de la voie Catane-Palerme à Santa Catarina Xirbi pour rejoindre Caldare ou aboutir à Licata. Quand la ligne dont Cefalù est le point terminus et qui longe la côte septentrionale sera achevée, Messine sera en communication directe avec Palerme, et il ne restera plus qu'à travailler aux divers tronçons reliant entre eux les ports, de médiocre importance du reste, du littoral de la mer africaine.

IL faut de cinq à sept heures en chemin de fer pour traverser la Sicile du nord au sud et gagner Girgenti. La route est pittoresque ; on longe d'abord la côte parsemée de villages de pêcheurs, et, après avoir traversé la jolie petite ville de Termini *(Thermae Himerenses)*, l'on s'enfonce dans la montagne. Les sites deviennent sauvages ; les voies carrossables ont disparu ; les petits chars des paysans, avec leurs roues jaunes et rouges et leurs caisses coloriées comme des images d'Épinal, ne sortent guère de la banlieue des villes. Les habitants voyagent maintenant à dos de mules ; dans les sentiers qui suivent l'axe des vallées, on les voit cheminant en caravane. Avec leurs grands manteaux à capuchon, ils ressemblent à des Kabyles. Parfois, on aperçoit sur un petit cheval un propriétaire rural coiffé d'un chapeau de feutre : un fusil est placé en travers de l'arçon. A l'intérieur, les Siciliens voyagent toujours armés ; ils semblent compter médiocrement sur les carabiniers pour assurer la sécurité des chemins, et puis les Arabes, qui furent naguère leurs maîtres, leur ont transmis cette tradition que le port d'une arme de guerre est l'apanage de l'homme libre.

Le train a pris l'allure d'une diligence, et la locomotive

essoufflée le remorque péniblement jusqu'au faîte de la ligne de **partage** des eaux. Tantôt on passe entre des rochers abrupts dépourvus de toute végétation, tantôt la voie s'élargit, et, au fond des vallées, s'étendent des pâturages et des terres labourées. On ne rencontre aucun village, et ceux qui cultivent le sol doivent faire une vingtaine de kilomètres pour regagner la petite ville où ils gîtent. Un des plus beaux sites est sans contredit la position de Montemaggiore, non loin de Roccapalumba où s'embranche le chemin de fer de Catane. La station est entourée d'un petit bois de poivriers et d'eucalyptus, et les pentes rocheuses qui descendent dans la vallée du Torto sont tapissées de cactus et d'arbustes fleuris.

Plus loin, la structure géologique se transforme ; les arêtes vives font place à des mamelons en forme de dôme qui ressemblent assez à des pâtés de terre glaise entremêlés et affaissés. C'est le pays du soufre, et nous arrivons à Girgenti.

La ville est construite au sommet d'un rocher escarpé, qui domine la mer et en est distant de trois à quatre kilomètres. On y accède par une route en lacets, et les trois bêtes de trait, une mule et deux chevaux, attelés à l'omnibus de l'hôtel, mettent près d'une demi-heure pour gagner les premières maisons.

L'antique cité qui, au temps de Diodore de Sicile, comptait 220,000 âmes, était limitée à l'est et à l'ouest par deux petites rivières, l'Hypsas et l'Acragas, qu'on dénomme aujourd'hui le San Biagio et le Drago ; la ville actuelle, peuplée d'environ 21,000 habitants, n'occupe guère que l'emplacement de l'ancienne Acropole ; elle est assise sur un bloc de grès qui descend en gradins vers le rivage.

L'origine d'Agrigente est assez obscure, comme celle de la plupart des colonies grecques. Autour d'une forteresse appelée Camicus, une colonie venue de Géla construisit vers la cinquantième olympiade une ville qui fut baptisée Acragas. Les Romains l'appelèrent Agrigente, et son nom moderne est Girgenti.

Le commerce avec les côtes d'Afrique enrichit très rapidement Agrigente, qui devint une des plus somptueuses cités du monde antique : « Les Agrigentins unissaient à l'amour du luxe une grande passion pour les arts. Ils recherchaient les statues et les tableaux des artistes les plus célèbres, les beaux vases en terre cuite et en métaux précieux. Les vêtements des citoyens étaient faits des tissus les plus fins et les plus riches, leurs litières étaient en ivoire; les ustensiles de ménage, de toilette, et les services de table, en or et en argent artistement travaillés. Ils habitaient de vastes et magnifiques maisons dans lesquelles les salles des festins occupaient une place importante (1). » Ils

---

1. *Dictionnaire de l'Académie des Beaux-Arts*, T. I. Paris, Firmin-Didot.

passaient pour avoir des mœurs dissolues, et Empédocle, leur bienfaiteur, les accusait « de bâtir comme s'ils devaient vivre éternellement et de manger comme s'ils devaient mourir le lendemain. »

Au cruel Phalaris, qui gouverna la cité pendant quinze ans et avait coutume de sacrifier des victimes humaines dans de gros boulets métalliques chauffés au rouge, succéda une oligarchie ayant d'abord à sa tête Telemachus ; puis, en 488 avant Jésus-Christ, Théron s'empara du pouvoir et étendit sa domination vers le nord jusqu'à la mer Tyrrhénienne. Avec le concours des forces syracusaines de son gendre Gélon, il infligea aux Carthaginois la célèbre défaite de Himera (480 av. J.-C.), où périt Amilcar. Le nombre des prisonniers fut si considérable qu'il en échut cinq cents en partage à un certain nombre de citoyens, et ce sont ces soldats réduits en esclavage qui édifièrent à Agrigente les temples et les monuments dont on contemple les ruines grandioses.

La ville actuelle se compose essentiellement d'une rue horizontale décrivant une courbe renflée autour de la face méridionale de la colline rocheuse,—c'est là que se trouvent les hôtels, la poste, les magasins, etc., — et d'une série de ruelles étroites qui montent de cette artère au faîte, que couronne la cathédrale.

Cette cathédrale date du XIV siècle et fut construite avec les matériaux provenant du temple de Jupiter Atabyrios, mais des réparations malheureuses **ont sensible-**ment abâtardi son style. Le campanile, qui ne fut jamais achevé, possède seul un véritable caractère artistique, et l'on y jouit d'une vue superbe **sur la plaine et sur** Porto Empédocle. Par les temps clairs on aperçoit très distinctement l'île de Pantellaria, sise à mi-distance de la côte tunisienne.

Les fonts baptismaux placés dans la **sacristie ne sont** autre chose qu'un sarcophage fort ancien qui a été pour les archéologues l'objet d'inépuisables discussions et dont les bas-reliefs reproduisent de très curieuse façon les tragiques aventures de Phèdre et d'Hippolyte. Hippolyte à la chasse ; Phèdre pleurant au milieu de ses compagnes ; la nourrice révélant à Hippolyte la fatale passion de Phèdre ; la mort d'Hippolyte : telles sont les quatre scènes traitées par le sculpteur inconnu.

Les archives de l'église renferment de précieux documents relatifs à la période normande de l'histoire sicilienne. Une chapelle voisine de la cathédrale, Santa Maria dei Greci, possède quelques fragments du temple de Jupiter Policus.

C'est en dehors des limites de Girgenti qu'il faut chercher les traces des temples, des monuments qui couvraient le plateau où s'élevait Agrigente. Les sanctuaires de Junon Lacinienne, d'Hercule, de la Concorde, de Jupiter Olympien, de Castor et Pollux, de Vulcain, le tombeau de Théron, s'élevaient sur les bords du plateau, parallèles à la mer, que dominent les collines abruptes de l'Acropole de Minerve et de la roche Athénéenne.

Une légende rattache la mémoire d'Empédocle à cette *Rupe Atenea.* Le célèbre philosophe, qui avait préconisé l'existence des quatre éléments primordiaux : la terre, le feu, l'eau et l'air, jouissait d'un grand crédit comme médecin et comme hygiéniste. Il était parvenu à assainir les abords marécageux de Sélinonte, et ses compatriotes le supplièrent de les délivrer des épidémies de fièvres pernicieuses qui désolaient Agrigente. Il y réussit en faisant creuser de main d'homme la dépression qui sépare la roche Athénéenne de l'Acropole, dépression qui permit au vent du nord, la *Tramontana*, de balayer la ville et d'en chasser les miasmes malsains.

Les guides et les voituriers ont un itinéraire invariable pour faire défiler les visiteurs devant les temples, mais je préfère classer ici les édifices dans l'ordre vraisemblable de leur antiquité, et donner ainsi, autant qu'il est possible, la physionomie du développement de l'art hellénique sur la terre sicilienne.

Le temple d'Hercule, dont les dimensions égalent presque celles du Parthénon d'Athènes, est situé à l'extrémité sud du plateau, et protégeait sans doute une des portes de la ville. Il ne subsiste debout que les tambours de quelques colonnes. Le monument, d'ordre dorique, était hexastyle périptère, avec six colonnes supportant la façade principale ; il comportait un *ptéron*, colonnade ouverte donnant accès dans le *pronaos*.

" Le temple s'élevait sur quatre degrés avec trois petites marches intercalées sur la façade. Il était construit en pierres tirées des rochers environnants ; un stuc fin et poli sur lequel on a trouvé des traces de couleurs d'un jaune pâle, d'un rouge vif et d'un beau bleu, en faisait disparaître l'excessive porosité. Mais les moulures supérieures des corniches étaient exécutées en pierre dure d'un grain très fin, et décorées d'ornements, les uns sculptés avec une faible saillie, les autres gravés seulement. Les dessins en étaient rendus sensibles comme sur les monuments en marbre d'Athènes, au moyen de couleurs appliquées directement sur la pierre. "

C'est dans ce sanctuaire que se trouvait la fameuse statue en bronze d'Hercule, que Verrès tenta vainement de dérober.

Le temple de la Concorde est également dorique ; il remonte à plus de deux mille ans, et son état de conservation tiendrait du prodige si l'on n'avait découvert qu'au moyen âge le sanctuaire païen avait été converti en une église consacrée à san Gregorio delle Rape. Cette transformation ne semble avoir eu d'autre effet que de consolider les colonnes du monument primitif sans en dénaturer aucun fragment essentiel.

Le temple de la Concorde est deux fois plus petit que celui d'Hercule, et si sa *Cella* n'était couverte, il en reproduirait exactement toutes les dispositions. Les assises sont posées sans aucun ciment, et les joints ont été ajustés avec tant de précision qu'ils sont à peine perceptibles.

C'est sous un tout autre aspect qu'apparaît le temple de Junon Lacinienne. Une vingtaine de colonnes restent debout; les autres sont brisées ou dispersées. D'après Pline, la cella était ornée de l'image de Junon, œuvre de Zeuxis. La seule particularité qui devait différencier cet édifice des précédents, est une terrasse formant esplanade placée en avant de sa façade. Les colonnes sont du plus pur style dorique, et leur hauteur est égale à cinq fois leur diamètre. Les débris d'une ancienne citerne sont visibles sur la face occidentale.

Les ruines des temples de Castor et Pollux et de Vulcain, tous deux hexastyles hypètres, n'offrent pas grand intérêt, mais leurs perspectives étaient merveilleusement ménagées.

Le plus colossal de tous, le temple de Zeus, de Jupiter Olympien, couronnait de sa masse imposante une colline voisine de la *Porta Aurea*. Il ne fut jamais complètement achevé et Diodore, qui le contempla quatre siècles après

Le temple de Junon Lacinienne à Agrigente.

son abandon, en a laissé la description suivante : " Ailleurs les temples étaient généralement enfermés dans des murs, ou bien ils étaient ceints de colonnes ; celui-ci présente les deux dispositions réunies : à l'extérieur il a des colonnes engagées ; à l'intérieur, des pilastres carrés. Un homme peut se tenir dans une cannelure des colonnes, et les nefs sont extraordinairement vastes et élevées. Du côté de l'orient, on voyait des sculptures, d'une grande dimension et d'une beauté admirable, représentant le combat des Géants ; du côté de l'occident était figurée la prise de Troie : chaque héros avait des attributs conformes à son caractère personnel (1). "

Malheureusement, de ce grandiose édifice les murs de soubassement demeurent seuls en place ; parmi les ruines éparses on a retrouvé des chapiteaux et des fragments de l'entablement ; des moulures ornées de perles ; une figure de Télamon, haute de huit mètres, et des morceaux de statues de femmes, de dimensions analogues ; des lions qui devaient provenir des sculptures des frontons.

On a pu, par un patient travail, reconstituer le plan du temple. Six colonnes s'engageaient sur la façade principale, sept sur la façade postérieure et quatorze sur chaque face latérale. Trois nefs constituaient l'intérieur, celle du milieu comportait un pronaos et un posticum.

---

1. *Diod. Sic.*, liv. XIII.

Il fallait quinze ou vingt marches pour parvenir au seuil, et le diamètre des colonnes était de 4^m 16 ; l'entablement avait près de dix mètres de hauteur.

En étudiant les conditions de construction de l'édifice on se rend compte des raisons qui ont amené les artistes d'Agrigente à le faire pseudopériptérique, c'est-à-dire pourvu de colonnades simulées dont les fûts sont enclavés dans la muraille. Les blocs les plus volumineux trouvés dans la région n'arrivaient pas au diamètre des colonnes, c'est pourquoi l'on dut les engager dans le mur. Les architraves, toujours monolythes dans l'architecture grecque, soulevaient la même objection, et il fallut encastrer également les entablements.

Contrairement au principe qui donnait aux sculptures supérieures beaucoup de relief et une grande saillie, les figures ne sont pas plus engagées que les colonnes, et les télamons de la cella adhéraient à la muraille de la même manière que les pilastres qui leur servaient de piédestal.

Le temple d'Esculape renfermait la statue de bronze d'Apollon, qui portait, gravée en argent sur la cuisse du dieu, la signature du sculpteur Myron ; il rappelle les Propylées d'Athènes, dont il reproduisait les colonnes élancées, les solides assises et les délicats ornements.

Il convient aussi, pour clore la série des édifices sacrés,

de signaler le petit oratoire de Phalaris, fort harmonieusement conçu. Il se composait essentiellement d'une façade à quatre colonnes donnant accès dans la cella ; la fusion des styles grecs s'y manifeste : les colonnes, dont les bases sont attiques, possèdent un entablement dorique et des chapiteaux ioniques.

Les Agrigentins, qui comprenaient tous les luxes, avaient un culte spécial pour celui des tombeaux. Tantôt ils creusaient dans le roc de vastes salles sépulcrales, où ils plaçaient les sarcophages de marbre ou de porphyre ; tantôt ils édifiaient des monuments soit dans l'Acropole, soit en dehors de l'enceinte de la cité. Ceux qui n'avaient ni parents ni amis à enterrer, bâtissaient des tombeaux pour leurs animaux domestiques, et Diodore rapporte que de riches citoyens " avaient fait construire des monuments somptueux consacrés à la mémoire de chevaux de course célèbres, et à des oiseaux, amis familiers des enfants. "

Le tombeau de Théron avait des proportions gigantesques ; il fut frappé par la foudre au moment où Annibal en commandait la démolition, et il n'en subsiste aucun vestige. Le petit monument voisin du temple d'Hercule, où les guides ne manquent pas de vous conduire pour vous parler de Théron, ne contient certainement pas les cendres du vainqueur d'Himera ; mais, s'il fut édifié en l'honneur d'un Agrigentin moins illustre, il n'en est pas moins curieux à analyser, d'autant qu'il est assez bien conservé.

C'est une construction à base carrée, comprenant un socle, un soubassement avec base et corniche et un étage. " Aux angles de cet étage sont quatre colonnes ioniques engagées, supportant une architrave et une frise doriques. Sur chaque face des murs élevés entre les colonnes, se voit une porte et son chambranle renfermant quatre panneaux creusés dans la pierre. Le socle est construit d'aplomb, les faces du piédestal sont un peu inclinées, et les colonnes le sont d'une façon très sensible (1). " On a beaucoup soigné les détails de cet édifice, qui n'est pas sans analogie avec le tombeau de Mausole. Les moulures du piédestal ont un gracieux profil, " mais les bases des colonnes, et les chapiteaux ornés d'oves, de volutes, de feuilles et de palmettes, paraissent à peine ébauchés. Cette apparence grossière devait disparaître sous le stuc qui couvrait tout l'édifice ; il donnait probablement aux informes moulures et aux ornements massés dans la pierre, des contours gracieux et bien précis. " Ce qui caractérise plus spécialement le monument, ce sont ses colonnes ioniques revêtues d'un entablement à triglyphes.

Le grand mérite des monuments antiques d'Agrigente est qu'ils marquent l'apogée de l'art hellénique et corres-

---

1. *Dictionnaire de l'Académie des Beaux-Arts.* Tom. I.

pondent presque tous à la période si brillante qui suivit les victoires de Salamine et de Platée.

C'est dans la plaine limitée par la mer et la petite rivière de Girgenti, que se livra en 262 avant JÉSUS-CHRIST la plus importante bataille de la première guerre punique. Les Romains, maîtres de Messine, avaient d'abord lutté sans grand succès contre les Carthaginois unis aux Syracusains, mais, après la victoire remportée sur ses troupes par le consul Marcus Valerius Maximus, Hiéron abandonna ses alliés et fit la paix avec Rome. En se servant des cités de Messine et Syracuse comme bases d'opération, les légions pouvaient s'engager sans crainte dans l'intérieur de l'île ; les petites villes grecques, qui redoutaient par dessus tout le joug tyrannique de la métropole africaine, ne leur opposèrent pas de résistance, et quelques-unes leur fournirent même des soldats.

Les Carthaginois furent successivement refoulés dans les places fortes et leur chef, Annibal, fils de Giscon, s'enferma dans Agrigente, décidé à défendre jusqu'à la dernière extrémité la plus florissante des possessions puniques (1).

Les Romains, reconnaissant l'impossibilité d'emporter la place d'assaut, l'entourèrent d'une double ligne de retran-

---

1. *Histoire romaine* par Théodore Mommsen. Tome III, chap. II.

chements et établirent un blocus rigoureux, qui réduisit bientôt à la famine les cinquante mille assiégés. On peut reconnaître, en contournant la colline, l'emplacement des lignes de circonvallation. L'amiral Hannon, débarquant à Héraclée, à l'embouchure du Platani, avec un corps de secours carthaginois, réussit à son tour à couper les vivres aux assiégeants. Après plusieurs mois de souffrances et de vaine attente, on se décida d'un commun accord à quitter les positions retranchées et à livrer une bataille rangée. La lutte fut acharnée et le succès longtemps douteux. Les cavaliers numides taillèrent en pièces les cavaliers romains, mais les légions eurent l'avantage sur l'infanterie phénicienne. Agrigente tomba au pouvoir de Rome, mais les vainqueurs, épuisés par le combat, ne purent empêcher l'armée assiégée de quitter la ville et de se réfugier sur les navires de la flotte.

Dès lors les Romains furent maîtres de l'intérieur de la Sicile ; cependant Carthage tint encore longtemps les places maritimes et, grâce à sa supériorité navale, elle effectua souvent des descentes sur les côtes ; un de ses généraux, Carthalo, réussit même à reprendre Agrigente.

Il est singulièrement suggestif de contempler la plaine qui fut le théâtre de ces sanglants combats livrés par les deux grandes nations qui se disputaient le bassin de la mer Méditerranée, c'est-à-dire l'empire du monde ancien.

Des troupeaux de chèvres et de moutons paissent les maigres pâturages qui entourent les temples. De loin, les caroubiers, les lauriers, les amandiers en fleurs semblent enguirlander de couronnes les grosses colonnes grises inclinées sous le souffle prolongé du sirocco. De la cathédrale, juchée au sommet de la ville, descendent les sons argentins de l'Angelus, et les tartanes, leurs voiles repliées, semblent dormir dans la petite rade de Porto Empédocle, noyée dans la brume matinale...

III

L'ANCIEN port d'Agrigente était situé à l'estuaire de l'Acragas; Porto Empédocle, autrefois appelé *Molo di Girgenti*, a été creusé un peu plus au nord, et c'est le principal centre d'exportation du soufre recueilli sur la côte méridionale de la Sicile.

Une mauvaise route muletière, dont les étapes se nomment Siculiana, Cattolica, Ribera, permet de gagner Sciacca, les anciens Thermes de Selinonte ; mais il est infiniment préférable de profiter du service hebdomadaire des bateaux qui desservent la côte.

Sciacca est une petite ville particulièrement intéressante. Elle dispute à Termini *(Thermae himerenses)* l'honneur d'avoir vu naître Agathocle, qui devint tyran de Syracuse et maître de la Sicile ; elle fut aussi la patrie de l'historien Thomas Fazello, qui en a fait un éloge pompeux, et affirme que la fondation de Sciacca est fort antérieure à celle des établissements grecs et carthaginois de Sicile.

Au moyen-âge, Sciacca eut son moment de splendeur ; les ruines de plusieurs châteaux-forts attestent encore la résidence dans cette ville de familles nobles et puissantes, qui osèrent même entrer en lutte avec le roi ; car les nobles à cette époque jouissaient des prérogatives de chefs pendant la guerre et de juges durant la paix, possédaient un pouvoir énorme, se fortifiaient dans leurs domaines, et fomentaient la guerre civile pour s'assurer une indépendance toujours croissante. Les tours croulantes et les donjons gothiques des seigneurs de Luna et Perollo, rappellent toute l'histoire des sanglants démêlés qui troublèrent la tranquillité de la ville durant un siècle, de 1410 à 1529. Sous le règne de Martin et de Marie, une belle et riche héritière fut recherchée par les deux jeunes gens les plus accomplis de ce siècle : Artale de Luna et Jacques Perollo. Le roi favorisait Luna, qui fut préféré, et la rage s'empara de Perollo. La haine de ces deux rivaux devint un héritage transmis de père en fils, et les descendants de ces familles ne reculèrent devant aucun crime pour satisfaire leurs vengeances. « On empoisonnait, on assassinait l'ennemi qui avait insulté votre fille et brûlé votre habitation ; on s'attaquait au milieu des processions ; le Saint-Sacrement méconnu devenait le témoin des combats les plus sanglants : enfin ces deux familles, couvertes de crimes, furent exilées lorsque le gouvernement prit assez de force pour arrêter les guerres féodales en réunissant aux domaines de la couronne les biens de ses grands vassaux (1). »

Un grand nombre de restes d'architecture sarrasine donnent à Sciacca un aspect original : beaucoup de maisons y sont décorées de colonnettes élégantes, percées de fenêtres en ogives, et précédées de petits portiques mauresques. La cathédrale fut fondée par Juliette, fille de Roger Ier, à laquelle son père avait fait donation de la ville.

Sciacca a été renommée pour la perfection de ses poteries ; la plupart des beaux vases de la Grande-Grèce sortaient de ses ateliers ou de ceux de Géla. C'est d'une de ces cruches célèbres que, d'après la légende, Agathocle, fils d'un potier, s'élança tout armé pour porter la guerre en Afrique, en Italie, et s'emparer de la Sicile, qu'il gouverna pendant vingt-huit ans, « homme de génie, que Scipion nommait le premier parmi les plus habiles administrateurs et les conquérants les plus sagement audacieux. »

---

1. *Souvenirs de la Sicile*, par le comte de Forbin. Paris, Imprimerie royale, 1823.

On fabrique encore maintenant à Sciacca des vases d'une terre légère, poreuse et blanche, qui ont la propriété, comme les bardaques égyptiennes et les alcarazas espagnoles, de rafraîchir les liquides.

La fondation des bains sulfureux du Mont San Calogero, qui avoisine la ville, est due à Dédale, qui, le premier, en découvrit la vertu, et fit creuser les anciennes étuves, où la vapeur de soufre arrête le plus intrépide investigateur. Ceci rend vraisemblable la fin du roi Minos, asphyxié, suivant le récit de Diodore, par les ordres du roi Cocalus, avant la guerre de Troie. On dit aussi que le malheureux Dédale périt dans ces mêmes étuves, où le roi du pays l'avait fait enfermer.

Quatre sources thermales, voisines les unes des autres, s'échappent des flancs de la montagne, possédant des saveurs et des degrés de chaleur entièrement différents ; celle de Babbunia s'élève à 45° Réaumur, celle d'Aqua, au contraire, est à peine tiède ; elles sont très visitées par de nombreux malades et même des pèlerins qui y viennent de tous les points de l'île et de Malte, car leurs propriétés, très efficaces pour les rhumatismes les plus invétérés, sont, depuis le moyen-âge, attribuées au saint dont elles portent le nom. « D'après la légende, l'apôtre saint Pierre l'envoya en ces lieux pour délivrer les habitants de Sciacca du pouvoir du diable ; un couvent de Carmes fut érigé en l'honneur de ce pieux anachorète. »

La caverne principale a été élargie artificiellement par Dédale, d'après un passage de Diodore au livre V : « Un banc, taillé dans les parois du rocher, sert de siège aux baigneurs ; on y remarquait jadis des vestiges d'inscriptions, illisibles depuis bien des siècles, et, d'après une tradition locale, ces inscriptions avaient pour but, dans l'antiquité, d'indiquer les différents genres de maladies pour lesquels ces thermes étaient utiles. La chaleur y est épouvantable. Cette caverne s'enfonce fort avant dans la montagne, et on n'ose s'aventurer à en chercher le fond.

» Les autres étuves de San Calogero sont difficiles à parcourir ; le sol est jonché de fragments de rochers, rendus glissants par les vapeurs aqueuses dont ces grottes sont toujours remplies. Le Saint lui-même y est enseveli, à ce que rapporte la légende. Enfin Sciacca possède un autre établissement de bains assez fréquenté, au pied de la roche qui porte la ville ; une source sulfureuse très chargée sort de terre à côté d'un magnifique bouquet de palmiers ; ce sont les *Aquae Labrodes* des anciens ; on y voit les débris de la construction antique (1). »

Le San Calogero jette près de la grève une telle quantité d'eaux brûlantes que la mer en est chauffée à une certaine distance, et garde assez loin l'odeur et la couleur du

---

1. *Voyage en Sicile*, par le baron Renouard de Bussière, Paris, 1837.

soufre. Les vapeurs sulfureuses qui s'échappent de San Calogero passent pour être en communication secrète avec l'île de Pantellaria, située à soixante milles de la côte, et dont on voit distinctement fumer le volcan de la marine de Sciacca. « Ce qui confirme l'existence d'un foyer sous-marin de matières volcaniques dans ces parages, ce sont les circonstances qui précédèrent l'apparition de l'île *Julia*, qui sortit tout à coup de la mer en vue de Sciacca le 15 juillet 1831, et dont l'existence éphémère fut l'objet de si intéressantes recherches. »

Un témoin oculaire de ce singulier phénomène fit au vicomte de Marcellus, qui visita Sciacca quelques années plus tard, le récit suivant :

« Il n'y a pas longtemps, signor, que vous auriez pu voir d'ici un spectacle bien curieux. Je l'ai vu, moi, et je ne l'oublierai jamais. Figurez-vous que, par un temps aussi chaud que celui-ci, la terre commença à trembler. Chacun de quitter sa maison au plus vite et de se réfugier où mieux lui semble. Moi je courus jusqu'ici d'un trait et je m'assis en plein air sur ce banc de pierre.

» Voilà que tout à coup, de ce côté, à six milles à peu près du rivage, là-bas, vers un bas-fond que nous appelons l'écueil du corail *(la secca del corallo)*, une immense colonne d'eau s'éleva lentement ; la mer s'ouvrit et laissa voir une île tout entière avec des rochers aigus, une montagne à pic et un volcan au milieu. Ce volcan jetait à une grande hauteur des flammes, des cendres, des pierres, qu'on voyait d'ici tomber et fumer en touchant les eaux, qui se teignaient aussi d'une couleur rouge et quelquefois jaune. »

Un rapport adressé à notre Académie des Sciences (1) complète heureusement ce récit :

« Depuis plusieurs mois des tremblements de terre s'étaient fait sentir sur tout le littoral de la Sicile, dans une étendue de quarante lieues, se prolongeant vers l'île de Pantellaria ; de la côte on voyait la mer agitée par un bouillonnement violent, accompagné d'un mugissement semblable à celui d'un lion en fureur ; l'eau était devenue trouble, des poissons morts ou engourdis flottaient à sa surface et étaient apportés à une distance de huit à dix lieues de l'endroit où l'éruption allait se faire. Bientôt s'éleva une vapeur légère, qui graduellement s'accrut, et se transforma en une colonne blanche de quinze cents pieds de hauteur et de mille de largeur ; lumineuse pendant la nuit, elle lançait, par intervalles, des pierres, des cendres rouges ; enfin, le 15 juillet 1831, une île surgit de ce point, formée de pitons qui successivement apparaissaient et se groupaient ensemble. Un Anglais, l'amiral Otham, fut le premier qui la visita ; il en prit possession le 4 août, au nom du roi d'Angleterre. »

_____

1. *Journal de la Marine*, 1834.

Aussitôt que la France eut connaissance de ce phénomène, elle ne voulut pas rester en arrière ; et le 26 septembre de la même année, M. Constant Prévost, envoyé
par l'Institut, arriva dans ces eaux avec le brick *La Flèche*,
commandé par M. Lapierre, lieutenant de vaisseau. Nous
croyons intéressant pour le lecteur de le faire assister, avec ce
géologue, aux observations qui furent faites dans cette île
à deux reprises différentes : « Ce fut avec beaucoup de
peine, dit-il dans sa relation (1) adressée à M. le vice-
amiral de Rigny, que, malgré une mer très houleuse, nous
parvînmes à nous en approcher ; cependant, à huit milles
environ, nous pûmes la tourner et en prendre un grand
nombre de vues. Elle paraissait comme une masse noire,
solide, ayant, tantôt la forme d'un dôme surbaissé dont la
base était triple de sa hauteur, tantôt celle de deux collines
inégales, séparées par un large vallon ; les bords s'élevaient
à pic, à l'exception du côté d'où la vapeur sortait avec plus
d'abondance. Les arêtes vives des escarpements, la couleur
d'un brun brillant et parfois gras de ces faces abruptes, la
forme générale de l'île, rappelaient un massif de roche
solide ; et si, me laissant guider par l'analogie, j'avais dû
m'en tenir à des conjectures, j'aurais cru avoir sous les
yeux un cirque formé par du basalte, de la serpentine ou
du porphyre, figurant un véritable cratère de soulèvement

---

1. *Annales des Voyages*, 1833, t. XX.

dans le centre duquel l'eau de la mer serait venue s'en-gouffrer.

» Ne voulant rien négliger pour remplir ma mission, je priai le capitaine de mettre un canot à notre disposition pour aborder. Il en confia le commandement à M. Fourichon, son second lieutenant de frégate, et à M. Prouleroy, élève de première classe. Je m'embarquai avec M. Joinville, et, conduits à la rame par huit matelots courageux et expérimentés, en moins d'une heure nous arrivâmes sur les brisants. Ils étaient formés par la lame qui vient frapper sur une plage courte et terminée brusquement par une pente rapide. Nous nous dirigeâmes alors vers le seul point où, de la surface de l'île, on pouvait descendre par une pente douce vers la mer ; c'était une espèce de golfe, mais il n'y avait pas possibilité d'aborder ; les marins pensèrent qu'il y aurait imprudence à tenter le débarquement dans le moment, et qu'inévitablement l'embarcation chavirerait. Nous allions donc nous éloigner, lorsqu'un marin proposa d'aller à la côte à la nage ; on l'attacha avec la ligne de sonde, et en quelques minutes, après avoir disparu sous la lame et dans la vapeur épaisse qui s'en échappait, il arriva sain et sauf sur la plage, et nous fit signe qu'elle était tellement brûlante qu'il ne pouvait y tenir les pieds.

» M. Fourichon ne put résister au désir d'aller chercher lui-même des échantillons : il se jeta à la nage et fut suivi de M. Prouleroy et d'un second matelot qui emporta avec lui un panier, un marteau et une bouteille. Je restai dans le bateau, et, malgré ses mouvements brusques, nous fîmes, M. Joinville et moi, plusieurs croquis.

» Nos intrépides compagnons s'élevèrent jusqu'au bord du cratère, marchant sur des cendres et des scories brûlantes. A leur retour ils nous annoncèrent que ce cratère était rempli d'une eau roussâtre et bouillante formant un lac d'environ cent quatre-vingt-dix pieds de diamètre. »

Tel fut le résultat de cette première expédition.

« Le 29, un canot fut de nouvau mis à la mer, vers six heures ; cette fois le capitaine en confia le commandement à deux de ses officiers, MM. Aragon et Barlet. MM. de Franlieu, élève de première classe, Baud, chirurgien major, et Derussat, commissaire, nous accompagnèrent, et nous fûmes conduits par le maître canonnier et huit matelots d'élite, parmi lesquels se trouvaient les deux qui avaient été à terre le jour précédent.

» Cette petite expédition était une véritable fête pour tout l'équipage; on embarqua un baril d'eau-de-vie, du vin, du biscuit, et nous partîmes avec l'assurance que notre excellent capitaine, qui allait veiller sur nous, nous enverrait des secours en cas de besoin.

» Les observations faites les 26, 27 et 28 par le capitaine l'ayant convaincu que le nouveau volcan n'était pas placé sur le point où Smith indique, dans sa carte marine, le banc de *Nerita*, nous pensâmes qu'il y aurait de graves inconvénients pour les marins à donner à cette île le nom de Nerita, qui avait été proposé, et nous convînmes de la désigner sous le nom de *Julia*, à cause du mois de juillet, époque de son apparition ; en conséquence, nous préparâmes pour aborder une planche de deux pieds de long ; sur sa partie mitoyenne, peinte en blanc, j'écrivis moi-même en lettres de trois pouces de hauteur :

ISLE JULIA.

État-Major du Brick la Flèche :

MM. Constant Prévost, professeur de géologie,

de Paris ;

Edmond Joinville, peintre.

27, 28 et 29 septembre

1831.

» Sur l'un des bords de cette planche nous fîmes clouer une bande de drap bleu de six pouces de large, et une autre de drap rouge de pareille largeur à l'autre extrémité. Nous mîmes deux heures à traverser l'espace qui séparait le brick du volcan : étant à droite du point où le premier débarquement avait eu lieu, les officiers pensèrent que cette fois-ci on pouvait mieux aborder. En effet, nous avançâmes jusqu'à la lame ; un homme se jeta à l'eau pour porter un grappin à terre, et il mit le canot à sec sur la plage ; il était alors une heure et demie; nous devions être rentrés à bord avant le coucher du soleil ; le brick était à trois lieues ; il nous fallait au moins trois heures de marche pour l'atteindre ; enfin deux heures nous restaient à consacrer à nos observations sur ce petit coin de terre qui nous amenait de si loin !

» MM. Aragon et Barlet, directeurs de l'expédition maritime se chargèrent de mesurer la circonférence de l'île, qu'ils trouvèrent être de 700 mètres, sur 70 de hauteur ; le docteur Baud fit toutes les expériences thermométriques ; M. de Franlieu fit sonder le cratère et puiser l'eau aux diverses profondeurs ; M. Joinville se mit à dessiner ; M. Derussat fit hisser le pavillon français sur le point le plus élevé de l'île.

» Après avoir gravi avec deux matelots la plus haute cime, au milieu de scories brûlantes ; après avoir fait deux fois le tour entier des falaises, je fus assuré que ce monticule, dont la base était peut-être de cinq à six cents pieds dans la mer, était entièrement composé de fragments de scories de toutes les dimensions, jusqu'à celles de deux pieds cubes au plus ; je trouvai quelques blocs dont le centre, très dur, avait l'aspect et la consistance de la lave ; enfin, toute l'île me parut être évidemment, comme tous les cratères d'éruption, un amas conique autour d'une cavité de même forme. Quant à la coupure à pic des falaises, il fut facile de voir qu'elle était l'effet des éboulements causés par l'action des flots qui avaient successivement miné ses bords; ceux-ci, se trouvant en surplomb, étaient tombés, et c'était déjà aux dépens des éboulements qu'il s'était formé, autour de l'île, une plage de quinze à vingt pieds de large qui se terminait brusquement en pente dans la mer.

» L'eau contenue dans le cratère paraissait être au niveau de la mer; elle était d'un jaune orange, couverte d'une écume épaisse, et les scories qui bordaient le bassin étaient enduites de fer oxydé; des vapeurs blanches s'élevaient continuellement, non seulement de la surface de l'eau, qui semblait être en ébullition, mais de tout le sol, par de nombreuses fissures; aussi n'est-ce pas sans peine que nous arrivâmes à faire le tour complet de l'île, en passant à travers cette étuve suffocante dans un espace qui pouvait avoir de cinquante à soixante pieds de long; le sable noir de la plage était véritablement brûlant; le thermomètre indiquait sur le sol, baigné par la mer à chaque flot, une température de 81 à 85 degrés centigrades. »

Il paraît que, pendant plusieurs mois, on ressentit encore en Sicile des secousses assez fortes; de la côte, on aperçut, à différentes reprises, une vive lumière dans la direction de l'île; enfin, le 12 janvier 1832, elle disparut totalement sous les eaux. « Quelque temps après, l'amiral Hugon, allant à Navarin, en chercha vainement la place; huit pieds d'eau la couvraient; au mois de février 1832, on vit encore au même point une vive effervescence de la mer, et même un bâtiment anglais, qui naviguait à cette hauteur, crut avoir touché, tant fut grande la secousse qu'il éprouva. » *Julia* passait donc pour engloutie à jamais, lorsqu'en 1833, deux ans après son apparition, et dans le même mois de juillet, une lettre de Palerme fit connaître que l'île avait de nouveau reparu et montré aux flots de la mer d'Afrique son front rouge et brûlant. Mais cette apparition fut très éphémère et, depuis lors, on n'entendit plus parler de cette île qui avait occupé les géographes, les naturalistes et même les diplomates.

Les ruines de Selinonte, l'antique colonie mégaro-hybléenne, sont assez éloignées du port de Sciacca, et les rares touristes qui les visitent s'y rendent d'ordinaire par Castel Vetrano, station de la ligne de Palerme à Trapani. Il est bon de se munir de provisions et de ne pas s'éterniser outre mesure dans ce pays, que la malaria défend contre les investigations trop prolongées des archéologues.

Des tremblements de terre, complétant l'œuvre destructive des Carthaginois, ont renversé comme un château de cartes les colonnades des temples, les enchevêtrant en monceaux informes, et il a fallu la science patiente et persévérante de MM. Cavallari et Hittorff pour reconstituer la physionomie de cette ville morte depuis tant de siècles.

Les luttes entre les habitants de Ségeste et de Selinonte

Le temple d'Apollon à Sélinonte.

avaient fourni aux Carthaginois leur premier prétexte pour intervenir dans les affaires de la Sicile, et quand ils résolurent de ruiner à jamais une cité commerçante trop voisine de Carthage pour ne lui pas porter ombrage, ils donnèrent à Annibal une armée formidable pour en effectuer l'investissement. Les Syracusains voulurent lui porter secours, mais leurs troupes arrivèrent trop tard : Selinonte avait succombé. On passa au fil de l'épée 16,000 de ses défenseurs ; 2,000 ou 3,000 purent seuls s'enfuir du côté d'Acragas ; les autres furent déportés en Afrique et réduits en esclavage.

La ville s'élevait à l'est du Selinus (rivière Modione), sur un plateau assez escarpé, dont la crête était orientée du nord au sud. Des sept temples dont il subsiste des ruines, trois étaient construits sur une colline séparée de la cité par le vallon du Cotone. Les métopes des sanctuaires selinontais, appartenant à des âges différents, ont été transportées au musée de Palerme et en constituent un des plus beaux joyaux.

D'après M. Benndorf, tous ces temples remontaient aux cinquième, sixième et septième siècles avant Jésus-Christ. Le plus grand, qui était hypètre, semble n'avoir jamais été achevé ; le mieux conservé, connu et catalogué sous le nom d'Apollon, était fort probablement consacré à Hercule, et la plupart de ses colonnes sont monolythes ; celui dont les métopes sont les plus anciennes comporte des colonnes ioniques avec entablements doriques.

On a encore découvert les fondations d'un certain nombre de monuments anciens, et des frontispices de maisons ornés de croix sculptées et remontant par conséquent à l'ère chrétienne.

La voie ferrée, que je suis à partir de Castel Vetrano, se rapproche de la mer, passe à Mazzara, ancienne colonie selinontaise détruite par Annibal en même temps que sa métropole, et dont la cathédrale, fondée au onzième siècle par le comte Roger, contient trois curieux sarcophages, — puis arrive à Marsala, l'antique Lilybée, qui confine au cap Boeo, le point le plus occidental de la Sicile.

Marsala est le pays des grands crus insulaires ; trois maisons les ont accaparés : les Florio, les Woodhouse et les Ingham, ces deux dernières anglaises, comme leur nom l'indique.

C'est dans ce petit port que le grand condottiere Joseph Garibaldi débarqua en 1860. Il avait rassemblé à Gènes de 1,000 à 1,100 révolutionnaires de tous pays. Grâce à la complicité de la population et des autorités piémontaises, il s'empara de deux bâtiments marchands : *Il Piemonte* et *Il Lombardo*, et fit voile vers la Sicile. Le 11 mai, l'on jetait l'ancre devant Marsala. Des navires de guerre napolitains envoyés à sa poursuite croisaient devant la rade, mais la présence malencontreuse de deux bâtiments anglais paralysa leur action, et les volontaires purent débarquer sans encombre. Les bandes insurgées de Santana et de Coppola descendirent des montagnes pour les renforcer ; la colonne se dirigea immédiatement sur Palerme. Un détachement de troupes gouvernementales est battu à Calatafimi. Garibaldi comptait beaucoup et avec raison sur les intelligences qu'il avait dans la capitale. Les 25 et 26 mai, la garnison exécute des sorties et poursuit les insurgés, l'épée dans les reins, jusqu'à Corleone et Parco ; mais la place se trouve dégarnie, et l'avant-garde de Lamasa y pénètre, grâce à la trahison des habitants, dans la matinée du 27. Le soir même Garibaldi s'installe à l'hôtel-de-ville.

Tel fut le premier acte de cette campagne des Mille, peu glorieuse en somme au point de vue militaire et singulièrement déformée par la légende (1). C'est en Sicile qu'a pris naissance le mouvement populaire en faveur de l'Italie Une, et c'est peut-être par la Sicile que commencera le démembrement des États de la dynastie usurpatrice, que la haine de la France et du Saint-Siège a jetée dans les bras de l'Allemagne.

Mais il vaut mieux reporter nos pensées seize siècles en arrière.....

Lilybée fut la principale place forte des Carthaginois en

---

1. Voir la lettre adressée le 21 avril 1861 à Garibaldi par le général Cialdini.

Sicile; elle résista victorieusement aux assauts donnés par Pyrrhus, roi d'Épire, en 279, et c'est après huit ans (249-241) d'un siège célèbre dans les annales militaires, que les Romains parvinrent à s'en emparer. Au temps de Charles-Quint, le port était devenu un repaire de pirates : par ordre de l'empereur on y coula de gros moellons qui le rendirent d'un abord difficile.

Pendant le siège de Lilybée, le consul Publius Claudius avait conçu le plan hardi d'aller détruire la flotte carthaginoise mouillée à Drepana (Trapani), et qui ravitaillait constamment la place. Pour la surprendre, il mit à la voile au milieu de la nuit et, au lever du jour, déploya sa flotte devant l'ennemi, appuyant sa droite au rivage. L'amiral phénicien Atarbas, qui commandait l'escadre carthaginoise, put sortir de la rade, dont la passe était libre, mais où les Romains avaient déjà engagé plusieurs de leurs navires. Il mit sa flotte en ligne, débordant légèrement l'aile gauche du consul et acculant ses vaisseaux à la côte.

Le désastre fut complet. Rome perdit quatre-vingt-treize navires et l'élite de ses légions. (249 avant J.-C.)

Sept ans plus tard, le consul Lutatius Catulus fut plus heureux: il s'empara de la ville, et le préteur Publius Valerius Falto détruisit, dans les parages de l'île d'Ægusa, la flotte de transport envoyée pour la ravitailler. Cette victoire mit fin à la première guerre punique.

C'est à Drepana que mourut Anchise et qu'Énée,

chanté par Virgile, organisa des Jeux en mémoire de son père.

Avant de donner le signal des régates, le pieux Énée s'avance vers le tombeau d'Anchise, épanche les coupes de vin, de lait, de sang consacré, jette des fleurs sur le mausolée et invoque les mânes de son vénéré père :

Hic duo rite mero libans carchesia Baccho
Fundit humi, duo lacte novo, duo sanguine sacro,
Purpureosque jacit flores, ac talia fatur :
Salve, sancte parens, iterum ; salvete, recepti
Nequidquam cineres, animaeque ombraeque paternae (1).

Trapani est aujourd'hui une ville toute moderne, très commerçante, de 38,000 habitants. Par son mouvement maritime elle tient le quatrième rang des ports siciliens, et c'est surtout avec Tunis qu'elle fait d'importantes transactions. La côte est sillonnée de tartanes, et les matelots qui les montent pêchent le thon, les éponges et les coraux. La cathédrale de San Lorenzo possède une Mise en croix de Van Dyck et de belles stalles sculptées ; on remarque dans l'*Oratorio di San Michele* une scène de la Passion

---

1. « Là, conformément au rite, il épanche sur la terre deux coupes remplies de vin pur, deux autres de lait frais et deux de sang consacré; sur la tombe il jette des fleurs rouges et prononce ces mots : Salut encore, mon auguste père ; salut, cendres vénérées, ombres et mânes paternelles. » (*Énéide*, livre V.)

d'un modelé curieux, exécutée au XVIIIme siècle, en bois de couleur, par des artistes de Trapani.

Le *monte* San Giuliano, l'ancien Éryx, domine la cité de sa masse rocheuse, haute de plus de 700 mètres. Un gros bourg occupe sur son sommet la place de la ville d'Astarte. Les femmes y sont renommées pour leur beauté, et les étrangers ne s'inscriront pas en faux contre cette réputation établie, car les longs voiles noirs dont elles s'enveloppent laissent à peine voir le bout de leur nez. Des crêtes du mont, l'on jouit d'une vue superbe ; on détaille la côte de Marsala au cap San Vito ; devant vous la Méditerranée étale ses flots bleus, coupés à l'horizon par les profils à arêtes vives des îles Égades, et à vos pieds s'étend la plaine verte qu'arrose le Birgi.

C'est aux environs de la petite ville de Calatafimi que se trouvent les ruines de Ségeste. Je m'y rends à dos de mule, par la mauvaise route qui passe au nord de la Montagna Grande. Au milieu du désert pierreux où s'élevait cette cité, qui semble avoir existé même avant les colonies grecques, se trouve un temple dorique, le mieux conservé des sanctuaires siciliens après celui de la Concorde d'Agrigente. Il s'harmonise avec la colline qui lui sert de piédestal, et, s'il est moins élancé que la plupart des monuments helléniques, c'est que ceux qui l'ont édifié ont eu pour premier souci de conformer ses perspectives aux sites qui l'environnent.

Au fond d'un cirque montagneux était placé le théâtre, dont on reconnaît les principaux éléments : la scène, l'orchestre, les sièges divisés en sept *cunei* et séparés par une *praecinctio*. La coulée du Geggara ménageait sur la mer une vue ravissante, et, près de l'embouchure, se trouvaient les Thermes, célèbres par leurs sources d'eau chaude, et le port, où se dresse aujourd'hui Castellamare.

Ségeste joua un rôle important dans l'histoire de Trinacrie. Ses habitants, les Élymes, étaient considérés comme des barbares par les Doriens, bien que leurs monuments prouvent péremptoirement qu'ils avaient suivi de près le développement de l'art hellénique, et ils leur cherchaient souvent querelle. Les Syracusains excitèrent contre eux les Selinontais, et leur envoyèrent des troupes. Le territoire de Ségeste fut bloqué par terre et par mer. Après avoir vainement sollicité l'aide de Carthage et d'Agrigente, les habitants résolurent d'envoyer une ambassade à Athènes, qui avait déjà accueilli favorablement une demande d'intervention en faveur des Léontiniens.

Un traité d'alliance fut-il conclu ? Le fait n'est pas absolument certain, bien que des historiens comme Grote, Meier et Holm aient interprété dans ce sens un passage de Thucidide; mais il est établi que l'arrivée des émissaires ségestains fut la cause déterminante de la guerre qui éclata entre Athènes et la Sicile (1).

---

1. *Histoire grecque* d'Ernest Curtius. Tome III, chap. III.

Je m'arrête quelques heures à Alcamo, ville assez popu-
leuse, d'origine et d'aspect arabes, dont les églises contiennent quelques tableaux intéressants et de fines sculptures de la Renaissance, et je regagne Palerme en chemin de fer, contournant le vaste bastion naturel dont les
pointes de Rama et de Raisi et le cap Gallo forment les
saillants.

Chapitre Cinquième.

SYRACUSE.

La ville moderne. — Les ruines de la cité antique. — Les temples de Diane et de Minerve. — L'Amphithéâtre romain et le Théâtre grec. — Les Latomies. — L'oreille de Denys. — San Giovanni et les Catacombes. — L'Anapo et le Papyrus. — Le temple de Jupiter Olympien. — Le siège des Athéniens.

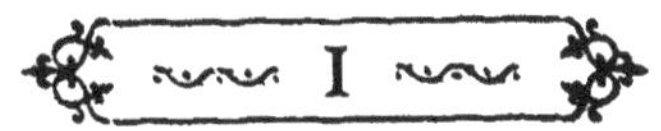

I

A L'ENTRÉE d'un golfe de la mer Ionienne, en face de l'orageux Plemmyre, est située l'île d'Ortygie. Virgile l'a célébrée et nous apprend que le fleuve Alphée, qui arrose l'Élide après s'être frayé un cours secret sous la mer, vint se mêler en ce lieu aux eaux siciliennes d'Aréthuse .

Sicanio praetenta sinu jacet insula contra

Plemmyrium undosum; nomen dixere priores

Ortygiam. Alpheum fama est huc Elidis amnem

Occultas egisse vias subter mare, qui nunc

Ore, Arethusa, tuo, Siculis confunditur undis (1).

---

1. *Enéide*, livre III.

La grande cité, qui compta jadis plus de 500,000 habitants, est aujourd'hui confinée dans cette Ortygie (île aux Cailles), qui fut son berceau quand le Corinthien Archias la fit naître en l'an 734 ou 735 avant JÉSUS-CHRIST.

Son développement fut rapide et son existence singulièrement agitée. Soixante-dix ans après sa fondation, Syracuse, enrichie par son commerce, établissait déjà des colonies: Enna (Castrogiovanni), Acres, Casmena, Heloros, Netum. Ses habitants, trop à l'étroit dans leur île, construisirent un pont qui la relia à la côte ; et la cité, s'étendant successivement sur les collines environnantes, prit des proportions énormes. Sa périphérie mesura environ huit lieues, et elle compta cinq quartiers, constituant de véritables villes : Ortygia, Achradina, Tyche, Epipolae et Neapolis.

Quelle ne dut pas être la puissance d'un peuple qui chassa les Carthaginois de son territoire, détruisit les forces de terre et de mer d'Athènes, et tint pendant trois ans Rome en échec devant ses murailles! Carthage, Athènes, Rome, les trois capitales du monde ancien ! (1)

Syracuse possédait deux excellents ports, séparés par l'île. Le plus grand (Porto Grande) était assez vaste pour

---

1. *Les Temples de Syracuse*, par M. Beulé (*Revue générale de l'Architecture et des Travaux publics*. Vol. XV).

donner asile à toutes les flottes de la Méditerranée, et se fermait au moyen d'une chaîne tendue de la pointe de l'île à l'extrémité du Plemmyrium.

D'abord république aristocratique, Syracuse fut ensuite gouvernée par des souverains absolus qu'on appela tyrans, Gélon, Hiéron, Thrasybule (484-466). Gélon étendit son autorité sur toute la région comprise entre la ville et Géla, et, allié de Théron, contribua à la victoire d'Himera. Hiéron triompha des Étrusques, protégea les lettres et les arts, et reçut à sa cour Eschyle, Pindare, Simonide, Sophron. Une révolution établit le régime démocratique, et Athènes tenta de détruire la cité. Je rappellerai au cours de ce chapitre les différentes phases de ce siège mémorable. Les guerres avec Carthage furent longues et terribles. Les Syracusains reconnurent la nécessité du retour à la forme monarchique ; ils se soumirent aux sceptres de Denys l'Ancien, de Denys le Jeune (405-343), et purent sauvegarder leur indépendance.

Survint le Corinthien Timoléon, qui établit un régime démocratique éphémère. Agathocle, venu de Thermae (Termini ou Sciacca), prit le pouvoir par un coup de force, et, sous son long règne, le prestige de la cité grandit rapidement. Les Syracusains assiégèrent Carthage et étendirent leur domination sur une partie de l'Italie méridionale.

Agathocle et son successeur Hicetas périrent assassinés,

et Pyrrhus, roi d'Épire, appelé par leurs sujets, débarqua en Trinacrie en l'an 278 et conquit l'île presque tout entière.

Quand il regagna le continent, Hiéron II fut proclamé roi et, sous son règne, Syracuse jouit d'une grande prospérité. Le poète idyllique Théocrite et le savant Archimède vécurent à sa cour.

On rapporte que Pyrrhus, assis à la poupe du navire qui l'emmenait loin des côtes de Sicile, s'écria : " Quel beau champ de bataille je laisse aux Carthaginois et aux Romains! " Ce sont surtout les colonies grecques qui payèrent les frais des premières guerres puniques. Pendant la première, Hiéron eut l'heureuse inspiration d'abandonner Carthage pour contracter alliance avec les Romains, mais, après lui, Hiéronymces lia sa fortune à celle de Carthage. Marcellus vint assiéger la ville, que défendit Archimède. Par surprise, les Romains s'emparèrent de Tyche, de Neapolis et d'Epipolae ; une trahison leur livra l'ile et Achradina. Syracuse fut saccagée, et le célèbre mathématicien fut massacré avec ses défenseurs.

La cité tomba au rang de capitale provinciale, mais elle conserva longtemps les vestiges de son ancienne splendeur, et Cicéron la qualifiait : " la reine des villes grecques et la plus belle des cités. "

Le christianisme fut introduit à Syracuse par l'apôtre saint Paul.

Prise et pillée plusieurs fois par les Barbares, elle fut conquise encore par Bélisaire (535 ap. J.-C.), qui en fit la capitale de la Sicile, et elle brilla d'un dernier éclat quand Constance y plaça le siège de l'empire d'Orient ; les Arabes vinrent ensuite, imposant le joug du Croissant, et la cité, subissant toutes les vicissitudes de la Sicile septentrionale, fut successivement la proie des Normands, des Allemands, des Angevins et des Espagnols.

La Syracuse moderne contient environ 23,000 âmes, et la métropole qui fut la capitale de l'empire byzantin a obtenu à grand'peine, en 1865, de devenir le siège d'une préfecture italienne.

Les rues sont étroites; c'est à peine si dans le Corso Vittorio Emmanuele deux voitures peuvent se croiser. Peu de monuments à admirer : la cathédrale, qui a pris la place d'un temple dorique consacré à Minerve, dont les colonnes avec leurs entablements et chapiteaux ont été encastrées dans les murs; le château, qui domine la pointe sud de l'île et contient un porche gothique fort bien conservé; le musée, qui renferme une Madone d'Antonello Panormita et une Vénus Anadyomène d'un beau modèle mais privée de sa tête, qui est en marbre de Paros, et fut, dit-on, offerte par Héliogabale aux habitants de Syracuse.

Le port est assez animé; des bâtiments à voiles y viennent chercher des cargaisons d'oranges et des tonneaux de vin. Une jolie promenade, plantée de lauriers, de camélias et d'eucalyptus, s'étend de la Porta a Mare jusqu'à la fontaine d'Aréthuse.

Pauvre fontaine ! elle se déverse aujourd'hui dans un bassin ayant la forme d'un demi-cercle qu'on a orné de papyrus ; mais, à la suite d'un tremblement de terre, ses eaux sont devenues salées, et c'en est fait de la poétique légende d'antan. Elle était pourtant bien touchante, cette antique fiction ! Les flots de la Méditerranée, touchés de l'amour du fleuve Alphée pour la nymphe Aréthuse, le laissaient suivre son cours des plaines du Péloponèse aux côtes de Sicile, et il était permis aux colons de se rattacher à travers la mer Ionienne à la terre ancestrale.

Les collines calcaires qui entourent la rade sont fertiles mais mal cultivées ; la vaste péninsule où s'élevaient les quatre villes n'a presque plus d'habitants ; et, quand on compare ce sol privilégié au rocher de Malte, où l'infatigable industrie des indigènes a réussi à faire pousser des céréales et à créer des jardins, on est amené à formuler un jugement qui n'est pas en faveur du génie laborieux des Syracusains.

Mais, oubliant le présent, qui n'offre pas beaucoup d'attrait, il faut songer à ces grandes choses mortes qui furent les civilisations grecque et romaine, et dont Syracuse garde de si précieux souvenirs.

ATHÈNES possède des monuments plus grandioses, Agrigente étage sur ses rochers une série de temples dont quelques-uns ont admirablement résisté aux outrages du temps, mais aucune cité n'a laissé des vestiges aussi vastes que Syracuse et n'offre aux archéologues un champ aussi fécond d'observations.

Les plus anciens temples furent édifiés dans l'île d'Ortygie par des architectes corinthiens, et ils semblent se rapporter à l'époque de la fondation de la ville. Au premier étage de la maison Santoro, sise Vico di San Paolo, on trouve, dans une large armoire, deux superbes chapiteaux de colonnes dont les fûts se confondent avec la maçonnerie des murs. M. Hittorf, dont les travaux font autorité, est parvenu à reconstituer le temple auquel appartenaient ces fragments et une assise de l'architrave ultérieurement découverte. C'était un sanctuaire vraisemblablement consacré à Diane, car la déesse chasseresse figurait sur les monnaies du temps d'Agathocle, et ses fêtes étaient pompeusement célébrées. Les bergers s'assemblaient chaque année, pendant trois jours consécutifs, pour chanter en son honneur des poèmes bucoliques.

L'art qui s'y manifeste est encore timide et inexpérimenté.

Les colonnes n'offrent que seize cannelures tandis qu'elles en avaient vingt à Corinthe; leur hauteur est seulement d'environ quatre fois et demie leur diamètre, ce qui les rend assez pesantes.

D'un passage de Cicéron : " Il y a un grand nombre d'édifices sacrés dans l'île, mais deux qui l'emportent de beaucoup sur les autres : le temple de Diane et celui de Minerve, si riche avant l'arrivée de Verrès ", on a conclu que si le temple le plus ancien était celui de Diane, celui qui le suit de plus près dans l'ordre chronologique était voué à Minerve, la vierge païenne.

Saint Zozime, qui vivait au septième siècle, fit construire une vaste église; et, au lieu de jeter à terre le temple de la déesse, il conserva une partie du péristyle et des colonnes, en sorte qu'on voit avec étonnement ces énormes colonnes doriques à demi engagées dans les murailles latérales, les consolidant et les décorant. Au sommet de l'édifice, une double balustrade crénelée nous apprend qu'au moyen-âge l'église a dû servir de forteresse et soutenir des sièges.

Me trouvant à Syracuse le mercredi des Cendres, j'ai pénétré avec les fidèles à l'intérieur de l'église. L'évêque, un vieillard aux cheveux blancs, officiait entouré d'un nombreux clergé dont les ornements sacerdotaux étaient fort défraîchis; les assistants marchaient et causaient, selon la coutume italienne, qui prédispose peu au recueillement, et, m'inclinant devant le prélat qui murmurait le *Memento quia pulvis es...* je pensai que les monuments jugés indestructibles participent aussi à la grande loi universelle. Ils deviennent rares ces fiers temples qui élevaient leurs majestueuses colonnades sous le ciel bleu de l'Hellade et de la Sicile, et les seules ruines païennes conservées presque intactes à notre admiration sont celles que la religion du Christ a adoptées et protégées.

La cathédrale syracusaine a été baptisée *Santa Maria delle Colonne* en raison de sa structure toute spéciale. Vingt-deux colonnes du péristyle ont été conservées ; le *naos* a disparu ; on reconnaît après un rapide examen que le temple comportait un *pronaos*, le *posticum* en avant de l'épisthodome et deux portiques intérieurs (1).

La proportion des colonnes atteint presque cinq diamètres, ce qui leur donne plus d'élégance qu'à celles du temple de Diane ; elles ont vingt cannelures, et l'entrecolonnement est aussi plus considérable ; la forme des triglyphes, la légèreté de l'architrave, la hardiesse du galbe du chapiteau : tout annonce l'approche du grand siècle de 'architecture hellénique.

Les fonts baptismaux, qui proviennent de l'église de San

---

1. *L'Architecture au siècle de Pisistrate*, par M. Beulé.

Giovanni, sont de marbre très ancien et gardent l'empreinte d'une inscription grecque.

Le temple fut bâti à l'époque où Syracuse était régie par une oligarchie : les géomores, représentants de la riche aristocratie ; c'est dire que sa fondation est comprise entre l'an 596 et l'an 495 avant Jésus-Christ. Ses portes, plaquées d'or et d'ivoire, attestaient le goût et l'habileté des ouvriers corinthiens dans le travail des métaux.

Tout au haut du fronton, étincelait au soleil le bouclier de Minerve, que les marins apercevaient de la pleine mer ; et là encore se révèle le culte de la mère-patrie, car les navigateurs grecs, après avoir franchi le cap Sunium et contourné l'Hymète, apercevaient sur le rocher de l'Acropole l'aigrette et la lance de la statue de Minerve sculptée par Phidias.

Les pieux Syracusains, avant de franchir les limites de la rade, tournaient les yeux vers le temple de la déesse, et faisaient brûler dans un vase de bronze des charbons sacrés pris sur l'autel de Jupiter Olympien.

C'est dans l'enceinte où s'élevait Neapolis, sur le plateau qui domine le grand port, que sont situées les ruines, non les plus anciennes mais les plus grandioses. On arrive tout d'abord à l'amphithéâtre, construction romaine du temps d'Auguste, au fond de laquelle gisent

L'amphithéâtre de Syracuse.

de gros blocs de marbre détachés des parapets ; quelques-uns gardent encore les traces des noms des possesseurs des sièges réservés. Quelques pas plus loin, sur la gauche du sentier, se trouve l'autel de Hiéron II, assez vaste pour qu'on pût y immoler chaque année 450 bœufs en commémoration de la déchéance de Thrasybule.

La route passe sous les arches d'un petit aqueduc et l'on s'arrête devant le théâtre grec, l'un des plus grandioses qui aient été construits, et qui remonte vraisemblablement au cinquième siècle avant JÉSUS-CHRIST. Il pouvait contenir 60,000 spectateurs et est bien conservé. On compte quarante-six rangs de sièges taillés dans le roc ; on suit les neuf *cunei* que coupait une double *praecinctio*, et l'on retrouve en des points symétriques les pierres où étaient scellés les anneaux qui servaient de points d'attache au *velarium*.

Au sommet du théâtre aboutit la *Via delle Tombe*, assez analogue à la Via Marina de Pompeï, dont les dalles sont profondément drainées par les roues des chars.

Pendant que je contemplais le merveilleux panorama de la ville et du grand port, qui se déroule du sommet du *Nymphaeum*, une compagnie d'infanterie dévala du haut de la colline. Les petits soldats revenaient d'un exercice de service en campagne ; ils marchaient librement, sous l'œil de leurs chefs, enjambant les larges gradins du théâtre.

L'un d'eux, à la physionomie intelligente et douce, s'arrêta pour ramasser une fleur qu'il mit soigneusement dans sa cartouchière ; son regard bleu se portait alternativement sur les rocs qu'il foulait et sur le Plemmyrium, que les vagues, chassées par le vent d'est, léchaient de leur écume blanche.

Derrière le théâtre, fut creusée une excavation profonde d'une trentaine de mètres et qu'envahissent aujourd'hui des figuiers, des orangers, des nopals qui, pour sortir de ce tombeau à ciel ouvert, ont pris des proportions gigantesques. C'est la *Latomia del Paradiso*. A l'origine on devait extraire de ces carrières les pierres nécessaires à la construction des temples et des maisons de la cité, puis elles furent utilisées comme lieux de détention pour les prisonniers de guerre ; et, afin de rendre les évasions impossibles, on donna aux murailles une forme surplombante.

Les Athéniens peuplèrent longtemps ces latomies et ils y furent durement traités.

Denys le Tyran — qui valait peut-être mieux que la réputation que lui fit Dante :

> ....*e Dionisio fero*
> *Che fè Cicilia aver dolorosi anni,*

avait, paraît-il, imaginé la grotte en forme d'oreille dont

on admire les merveilleuses propriétés acoustiques et les colossales dimensions. Le bruit d'une porte fermée, répercuté par les échos des parois, produit le fracas d'un coup de canon. S'il faut en croire la tradition, le célèbre tyran réservait ce logis aux condamnés politiques, et d'une chambre pratiquée au sommet du roc, à l'endroit correspondant au tuyau de l'oreille, il pouvait entendre distinctement les conversations murmurées à voix basse par les prisonniers.

Le gardien galonné qui nous fait les honneurs de l'« Oreille de Denys » veut montrer sa connaissance de la langue française en conversant avec le tyran. Il murmure : « Bonjour, Denys », « Remerciez les nobles visiteurs, Denys, » et les parois de la grotte répètent les phrases avec un formidable tapage. On croirait entendre des soldats à l'école d'intonation, criant à tue-tête au milieu des roulements du tambour. Puis, avec une grande volubilité, le cicerone patenté nous fait l'historique des latomies, toujours en français, à la grande désolation du couple américain qui m'accompagne. De toutes ses explications, je retiens un fait au passage : c'est qu'un archéologue allemand a émis récemment l'idée que l'« Oreille » devait avoir pour principal objet d'augmenter les qualités acoustiques du théâtre auquel elle est adossée, et cette supposition m'a paru tout à fait vraisemblable.

Plus au nord, non loin de la route de Catane, se dresse la petite église de San Giovanni, construite au XIIe siècle, mais plusieurs fois restaurée et d'où, par un étroit passage, l'on descend à la crypte souterraine de Saint-Marcien, qui date du IVe siècle. Elle affecte la forme d'une croix grecque, contient le tombeau du Saint et, entre autres reliques, la croix où fut attaché le premier évêque de Syracuse. La petite église communiquait avec les Catacombes de la ville, vastes galeries dont les parois portent encore la trace des fresques qui les décoraient, et qui sont reliées entre elles par des chambres circulaires dont l'une des plus belles est la *Rotunda d'Antiochia*. Les moines franciscains qui gardent la crypte vous montrent un petit autel de marbre où l'apôtre saint Paul célébra le sacrifice de la messe pendant les trois jours qu'il passa à Syracuse avant de se rendre à Rome.

C'est dans ces catacombes qu'un des plus beaux sarcophages chrétiens qui soient connus fut découvert par M. Cavalari en 1872.

Il y a encore de nombreux monuments qui forcent l'admiration des touristes les plus récalcitrants : le fort Euryclus ; l'église Santa Lucia, du XIe siècle ; la *Latomia dei Capuccini*, où furent emprisonnés 7,000 Athéniens et où la Société ouvrière dite d'Archimède a érigé, on ne sait pourquoi, un monument à la gloire de Mazzini ; et enfin la *Latomia Casale*.

Par une belle matinée de mars, une petite embarcation montée par quatre rameurs, après avoir traversé le *Porto Grande*, m'a conduit à l'embouchure de l'Anapo.

Il faut remonter la petite rivière jusqu'au confluent du Ciani (l'ancien *Kyanè*). Le courant forme un étroit chenal praticable aux canots entre les massifs de roseaux et les touffes de papyrus que prolongent les berges tapissées de fleurs jaunes ressemblant à des boutons d'or.

C'est sur les rives de ce fleuve que Théocrite rêva ses délicieuses poésies.

Les prairies émaillées de fleurs et les sources des vallées de Thymbris, qui viennent se perdre au sein du fleuve, rappellent les adieux de Daphnis mourant et les touchantes pastorales du berger de Syracuse. « Et nous aussi, mortels, qui vivons à peine et ne voyons pas le lendemain, nous venons en courant vers les ombrages et les prés, pour y cueillir au printemps des guirlandes parfumées. »

Le ruisseau le Ciani est plus étroit que l'Anapo, et ses bords sont aussi verts et très élevés.

Des îles flottantes, composées de belles plantes aquatiques, rendent la navigation d'autant plus lente et difficile que le cours de la rivière est excessivement sinueux.

Après avoir franchi une distance d'environ cinq milles,

on arrive à la fontaine *Pisma-Cerini*, grand bassin circulaire ayant vingt-cinq pieds de profondeur, et dont les magnifiques eaux, semblables à du cristal de roche, claires et transparentes, laissent voir les plantes et les cailloux de son lit.

La source est entourée d'immenses touffes de papyrus formant taillis, on pourrait même dire forêt avec Cassiodore : « Là s'élève, dit-il, cette forêt sans branches, ce bocage sans feuilles, cet ornement des marécages, cette moisson qui croît dans les flots, plus molle que les arbustes et plus dure que l'herbe. »

« Je trouve ici, dit Aréthuse elle-même racontant sa métamorphose, des eaux qui vont sans tourbillon et sans murmure, transparentes jusqu'au fond ; on peut compter chacun des cailloux de leur lit ; on croirait à peine qu'elles coulent. »

Certaines tiges de papyrus, hautes d'une à deux toises, ont à leur racine la grosseur du poignet d'un homme vigoureux. C'est la grosseur des papyrus du Nil, telle que l'indique Théophraste.

« Le papyrus, dit le baron Gonzalve de Nervo dans *Un tour en Sicile*, n'est, à proprement parler, qu'un jonc ou brin triangulaire d'environ un pouce de grosseur à sa tête, et de quatre à cinq à son pied ; sa hauteur varie suivant son âge ; j'en ai cueilli qui avaient depuis vingt jusqu'à vingt-sept pieds hors de l'eau. Cette tige sort d'un gros oignon, dont les racines trempent et prennent leur nourriture dans l'eau même, où elles s'unissent entre elles si fortement qu'elles finissent par former de petits îlots mobiles qu'il est difficile d'entamer.

» Le tissu cellulaire des fibres de sa tige est recouvert d'une double pellicule, l'une blanchâtre et très délicate, l'autre verte et épaisse. Sa tête est formée d'une multitude de cheveux très fins, de douze à quinze pouces de longueur, du plus beau vert ; ils s'échappent de petits tubes de huit à dix lignes de long, et retombent avec grâce de la même manière que les panaches de crins qui surmontent les shakos de nos soldats ; à environ deux pouces de la tige, chacun de ces cheveux se divise en filaments de la même forme et de la même couleur, tous à peu près égaux en longueur, et tous au nombre de trois. Lorsque la plante est sur pied, on arrache ces cheveux avec une grande facilité, tandis que lorsqu'elle est coupée et qu'elle sèche, on éprouve quelque peine à les séparer de la tige ; dans cet état, ils ont néanmoins assez de flexibilité pour pouvoir se plier sans se rompre.

» Il faut au papyrus des eaux très profondes et assez tranquilles et pures pour qu'elles n'offensent pas ses racines, qui sont les plus délicates que l'on connaisse ; ces qualités, réunies dans les eaux du Ciani et jointes à la douceur de la température, ont pu seules acclimater à Syracuse cette plante que l'on ne trouve que sur les bords du Nil, et qui fut primitivement envoyée au roi Hiéron par Ptolémée, son ami et son allié; elle nous semble assez intéressante pour que nous donnions ici les notions que nous ont transmises les botanistes sur son origine, sa nature et son usage chez les peuples anciens. »

D'après les lumières de MM. de Jaucourt, de Caylus et Guilaudin (1), « les botanistes anciens avaient fait deux espèces de papyrus, l'une d'Égypte, l'autre de Sicile; mais les botanistes modernes, ayant reconnu que ces deux plantes étaient une seule et même espèce du souchet papirier, ne distinguent plus le *papyrus siciliana*, vulgairement appelé *pipero*, du *papyrus nilotica*.

» Les Égyptiens lui donnaient le nom de *berd*; ses racines leur tenaient lieu de bois à brûler, et ils les employaient aussi à différents vases à leur usage; avec les tiges entrelacées et tissées, ils construisaient des espèces de barques, et, de l'écorce intérieure, ils faisaient des voiles, des nattes, des habillements, des couvertures de lit et des cordes. Les barques faites avec du papyrus ressemblaient, par leur construction, à de grands paniers dont le tissu devait être fort serré, et sans doute enduit de quelque matière résineuse. C'est vraisemblablement dans un de ces paniers que Moïse, encore enfant, fut exposé.

---

1. *Dictionnaire d'Histoire naturelle*, lettre P.

» Quoique Pline appelle les barques de papyrus : *naves papyraceae*, il ne faut pas croire qu'elles fussent construites uniquement avec les tiges de cette plante, car une partie de ces frêles bateaux était en bois d'épine. Les anciens Égyptiens prétendaient que les crocodiles, par respect pour la déesse Isis, qui s'était mise une fois sur une de ces barques, ne faisaient jamais de mal à ceux qui naviguaient ainsi.

» Les Égyptiens mangeaient de la partie inférieure et succulente de la tige du papyrus ; pour la rendre plus délicate, ils la faisaient rôtir au four. Ils exprimaient dans leurs hiéroglyphes l'ancienneté de leur origine par un fagot de papyrus, parce qu'ils le regardaient comme ayant servi de première nourriture à leurs ancêtres.

» Guilaudin, qui vivait au XVIe siècle, nous raconte avoir vu les habitants des bords du Nil manger de cette plante.

» Mais le principal usage qu'ils faisaient du papyrus était de le convertir en papier, appelé ainsi du nom de la plante même. Il importe peu de savoir à quelle époque remonte cette invention ; les auteurs de l'antiquité ne s'accordent pas sur ce point ; Pline est celui qui nous donne les plus intéressants détails sur la manière dont les Égyptiens faisaient le papier.

» Le papier d'Égypte se préparait avec les fortes tiges du papyrus ; on en séparait, à l'aide d'une aiguille, les membranes circulaires, qu'on divisait en feuillets ou lames fort minces et aussi larges qu'il était possible. On étendait alors les meilleures sur une table dans toute leur longueur, coupant seulement tout ce qui débordait aux extrémités. Elles étaient ensuite humectées de l'eau du Nil, qui servait de colle pour les joindre ensemble. Ces lames, ainsi collées, étaient mises à la presse, dont on les retirait pour les faire sécher au soleil.

» Ce papier, sans autre préparation, était anciennement appelé hiérotique ou sacré ; il ne servait que pour les livres de la religion égyptienne. Porté à Rome et diversement préparé, battu et lissé, il prit successivement le nom d'Auguste, de Livie, et même du papetier Fannius, qui, par une méthode particulière, fit, avec le papier commun, un papier plus fin et qui surpassait tous les autres en qualité. On appelait papier emporétique ou marchand, celui qui était fait des lames qui touchent de plus près l'écorce ; il se vendait au poids ; n'ayant aucune espèce de bonté, il ne pouvait pas servir pour écrire, et n'était employé que pour envelopper des marchandises.

» Sous l'empire de Claude, on perfectionna le papier d'Auguste, qui, étant beaucoup trop fin, ne soutenait pas la plume du roseau, et qui d'ailleurs, par sa transparence, laissait apercevoir les caractères à travers la feuille. On augmenta aussi la largeur de la feuille, qui n'était que d'un pied. Cependant le papier d'Auguste continua d'être en usage pour les lettres particulières ; on se servit aussi, comme auparavant, du papier Livien ; mais le papier Claudien fut préféré à tous les autres dans l'usage général.

» On donnait le poli à ce papier par le moyen de l'ivoire ou de la coquille, et on le collait avec de la fleur de farine détrempée dans l'eau bouillante, sur laquelle on avait jeté quelques gouttes de vinaigre. Une meilleure préparation, dit Pline, était celle qui se faisait avec de la mie de pain levée, détrempée dans l'eau bouillante et passée par l'étamine ; cette colle était employée un jour après l'avoir faite. On battait ensuite ce papier avec le marteau, on y passait une seconde fois la colle ; il était remis en presse, et enfin étendu de nouveau à coups de marteau. Pline fait le plus grand éloge du papier ainsi préparé. C'est ce papier, dit-il, qui donne une si longue durée aux ouvrages écrits de la propre main des Grecs Tiberius et Caius ; je les ai vus chez Pomponius Secundus, poëte et citoyen du premier mérite, près de deux cents ans après qu'ils avaient été écrits. Tels sont ceux de Cicéron et de Virgile.

» Tout ce qu'ajoute Pline sur le même sujet prouve que, de son temps, tous les papiers qui portaient des dénominations romaines étaient faits avec le papyrus d'Égypte, mais préparés et travaillés à Rome.

» Cassiodore, en parlant des feuilles de papyrus employées de son temps, dit qu'elles étaient aussi blanches que la neige. On l'avait perfectionné depuis en le polissant avec la pierre ponce, mais comme, malgré tous ces soins, les feuilles de ce papier étaient trop fragiles pour se soutenir, surtout quand on en faisait des livres, on imagina de les entremêler de feuilles de parchemin, sur lesquelles l'écriture était continuée. On voyait, il y a quelques années, à l'abbaye de Saint-Germain des Prés, une partie des épîtres de saint Augustin écrites de cette manière sur du papier d'Égypte entremêlé de feuilles de parchemin. C'était un manuscrit de onze cents ans ; les lettres étaient en bon état, et l'encre avait conservé sa noirceur.

» Les empereurs se servaient du papier d'Égypte pour écrire leurs lettres et leurs mémoires ; saint Jérôme nous apprend que l'usage du même papier avait lieu dans le Ve siècle, où il vivait.

» Le VIe siècle, selon Mabillon, fournit aussi des morceaux écrits sur du papier d'Égypte. Enfin, Montfaucon prétend que, dans ce temps, et même dans les siècles qui l'ont suivi, c'était avec ce papier qu'on écrivait les lettres et actes publiés en France, en Italie et dans d'autres parties de l'Europe.

» Malgré la célébrité de cette plante, on a peine à concevoir comment elle resta longtemps inconnue aux Syracusains modernes ; car ce ne fut qu'en 1764 que Giderfleet, savant naturaliste anglais, la découvrit sur les bords de la Cyanée. »

La manière dont on fait le papier à Syracuse, de nos jours, est loin d'être aussi parfaite que celle des anciens ; il est néanmoins assez lisse pour qu'on puisse écrire et dessiner dessus. Du reste, les Syracusains ne font du papier que comme objet de curiosité ; cette plante, unique en Europe, leur sert surtout à lier les gerbes de blé.

Le célèbre *Olympeium*, consacré au Zeus de l'Olympe, s'élevait au sommet de la croupe que contourne le Ciani ; il n'en reste plus que deux tronçons de colonnes sans chapiteaux dont le plus grand a six mètres soixante-dix centimètres de hauteur. Les cannelures à arêtes vives attestent le style dorique de l'édifice, qui remon_ tait certainement à la première période syracusaine. Le diamètre des colonnes à la base est de 1^{m},95, et si la proportion était la même que celle du temple de Diane (4 diamètres et demi), la hauteur totale devait être de près de neuf mètres. Les éléments précis de reconsti- tution font malheureusement défaut ; le soubassement même des colonnes est déchaussé et le sol s'est sensi- blement abaissé (1).

---

1. *L'Architecture au siècle de Pisistrate*, par M. Beulé.

C'est là que se trouvait la belle statue du dieu dont Cicéron a vanté les qualités esthétiques. Gélon l'avait ornée d'une robe d'or massif, que Denys confisqua à son profit sous l'ingénieux prétexte qu'une étoffe de ce genre était trop lourde en été et trop froide en hiver.

Tout près du temple, dominant la vallée de 'Anapo, est un point qui fut de tout temps considéré comme la clef stratégique de l'attaque de la cité, et où le Carthaginois Himilcon, Marcellus et Hippocrate, tyran de Gélon, établirent tour à tour leur quartier général. Instruits par l'expérience, les Syracusains l'avaient fortifié et entouré d'une petite ville baptisée *Polychnè*.

DES hauteurs de l'Olympeium, comme d'ailleurs de la crête du plateau qui domine la nécropole, l'on embrasse le merveilleux panorama de la rade, et il est aisé de suivre les dramatiques péripéties du siège de Syracuse par les forces de terre et de mer des Athéniens.

Victorieuse de la Grèce coalisée, Athènes avait été prise d'un vertige ambitieux, et s'était décidée à conquérir la Sicile. Elle était une première fois intervenue dans les affaires trinacriennes à la requête des habitants de Léontini; la lutte entre Ségeste et Syracuse lui fournit le pré-

texte cherché pour envoyer dans l'île un corps expéditionnaire.

Une magnifique armée fut réunie; ce corps d'élite com-
prenait 1,500 hoplites armés à leurs frais, 700 hoplites
équipés aux frais de l'État, un escadron de cavalerie et 750
guerriers du Péloponèse. Cent trirèmes (soixante à marche
rapide et quarante pour le transport des troupes) vinrent
mouiller au Pirée et, au commencement de juillet 415, le
départ s'effectua. La scène fut solennelle : les prières furent
dites au même moment sur tous les navires, à la voix d'un
héraut. On fit les libations sacrées, on entonna le pæan, et
la flotte, orgueil d'Athènes, se déployant en ligne à la sortie
du port, fit voile vers Égine.

A Corcyre, on rallia les contingents alliés: archers crétois,
frondeurs rhodiens. Le corps de débarquement fut porté à
environ 6,500 hommes; le service des trirèmes et des trans-
ports exigeait plus de 25,000 hommes.

Lamachos, Nicias et Alcibiade étaient à la tête de
l'expédition. Le premier voulait attaquer immédiatement Syracuse, mais Alcibiade, qui souhaitait une
guerre prolongée qui lui permît de jouer un rôle politique en Sicile, profita du caractère indécis et timide de
Nicias pour faire adopter un autre plan de campagne. Il
fut entendu qu'on négocierait avec les villes siciliennes
et que, par la force ou par la diplomatie, on isolerait
Syracuse.

Il fut facile de s'emparer de Catane et de Naxos, mais au moment où l'on s'y attendait le moins le navire officiel d'Athènes, la *Salaminienne*, rallia la flotte et intima à Alcibiade l'ordre de revenir à Athènes pour se justifier devant le peuple d'avoir participé à la mutilation des Hermès et d'avoir profané les mystères (1).

Alcibiade refusa d'aller se disculper, et bien lui en prit, car il fut condamné à mort par contumace. Il se réfugia à Lacédémone, dont il s'efforça de raviver la haine contre sa patrie.

Le départ d'Alcibiade avait mécontenté l'armée. Nicias se rendit à Ségeste en longeant la côte septentrionale et n'obtint de la ville qu'une somme de trente talents ; il éprouva ensuite un échec devant Hybla, située sur le versant méridional de l'Etna, mais il réussit à forcer l'entrée du grand port de Syracuse et à établir son armée près du temple de Jupiter Olympien, entre le rivage et le marais, à l'abri des attaques de la cavalerie ennemie.

Les Syracusains, conscients du danger qu'ils couraient, renoncèrent spontanément à leur gouvernement démocratique pour remettre leur fortune aux mains d'Hermocrate, homme d'État avisé et général expérimenté. Les fortifications de la ville furent complétées, et des

---

1. *Histoire grecque* d'Ernest Curtius, tome III, chap. IV.

ambassadeurs allèrent demander l'aide de Sparte et de Corinthe.

Les Athéniens, qui avaient reçu des renforts, surtout en cavalerie, eurent l'heureuse inspiration de tourner les principales défenses de la cité. Ils débarquèrent leurs troupes près de Léon, les lancèrent à l'assaut des hauteurs d'Epipolae, dont ils réussirent à s'emparer, et se fortifièrent à Labdalon. Dans une série de petits combats qui coûtèrent la vie au valeureux Lamachos, les Athéniens eurent l'avantage; la disette se faisait sentir à l'intérieur des murailles; une révolution, suscitée par les démocrates, avait enlevé à Hermocrate le pouvoir suprême, et les Syracusains se montraient profondément découragés.

C'est alors que, sur le conseil d'Alcibiade, Sparte intervint en envoyant à Syracuse son meilleur général, Gylippos, fils de Cleandridos. Il n'amenait avec lui que sept cents soldats, mais Géla et Selinonte lui en fournirent environ 2,000 et il put pénétrer dans Epipolae, franchissant la trouée que devait bientôt boucher le mur septentrional d'investissement. " Gylippos, dit Plutarque, envoya d'abord un héraut aux Athéniens pour leur offrir toute sûreté dans leur retraite s'ils voulaient évacuer la Sicile. Nicias ne daigna pas même répondre, et quelques-uns de ses soldats demandèrent au héraut, d'un ton railleur, si l'arrivée d'un bâton et d'un manteau lacédémoniens avait subitement donné aux Syracusains une telle supériorité, qu'ils n'eussent plus que du mépris pour ces Athéniens qui, tout récemment, avaient rendu aux Spartiates 300 prisonniers qu'ils tenaient dans les fers, tous beaucoup plus forts et plus chevelus que Gylippos. ''

Les Athéniens avaient tort de plaisanter, car l'arrivée du général lacédémonien ramena la confiance chez les assiégés.

Gylippos rétablit la discipline, s'empara du plateau de Labdalon, s'y fortifia, et les Athéniens furent réduits à la défensive.

Nicias, depuis quelque temps malade, avertit la métropole de la gravité de la situation et demanda à être déchargé de ses fonctions. La nouvelle arriva à Athènes au milieu de l'hiver, et elle eut pour effet de surexciter l'ardeur belliqueuse et le patriotisme des citoyens. On déclara que Nicias ne méritait aucun blâme ; on lui adjoignit pour le seconder Menandros et Euthydemos, et l'on organisa une nouvelle armée et une nouvelle flotte dont le commandement fut confié au plus renommé général, à Démosthène.

Sous l'énergique impulsion de Gylippos, qui avait fait restituer à Hermocrate une large part d'autorité, les Syracusains avaient créé une flotte ; des marins corinthiens leur apprirent la manœuvre des navires, et ils construisirent des trirèmes dans les anciens chantiers qui dataient de l'époque des tyrans. Une bataille navale fut livrée devant Plemmyrium à l'entrée du grand port, et les Athéniens repoussèrent les vaisseaux ennemis ; mais Gylippos avait profité de la circonstance pour tourner le camp situé sur l'Anapo et s'emparer de l'Olympeium. Une nouvelle bataille navale venait de tourner à l'avantage des Syracusains, quand, au printemps de 413, apparut la flotte de Démosthène, forte de 73 vaisseaux montés par 5,000 hommes d'infanterie et 3,000 archers.

Le général athénien se mit vite au courant de la situation et résolut de profiter de sa supériorité numérique pour brusquer l'attaque ; Nicias ne partagea pas son sentiment et fit différer l'engagement. Enfin, quand le plan de Démosthène eut reçu l'approbation des stratèges, l'instant propice était passé. Les Athéniens, s'emparant des forts avancés, gravirent bravement le plateau d'Epipolae, mais, pris de panique au milieu de l'obscurité de la nuit, ils furent rejetés en désordre sur le camp de Nicias.

Il n'y avait plus qu'un parti à prendre : lever le siège, sortir du port et concentrer l'armée à Catane ou à Naxos. Nicias, qui fut vraiment le mauvais génie de cette campagne, s'y opposa et fit prévaloir son avis. Gylippos reçut des renforts des Péloponésiens ; et, lorsque au mois d'août les Athéniens, démoralisés et décimés par les maladies, se résolurent enfin à remonter sur leurs vaisseaux et à sortir de la rade, la flotte ennemie leur barra le passage.

Le combat fut acharné : " Les vaisseaux s'abordent un à un dans une mêlée inextricable ; plus de deux cents navires sont aux prises, et tout le rivage d'alentour est couvert de troupes syracusaines ; le danger menace de tous côtés. La confusion et le tumulte étaient si grands qu'aucun commandant de navire ne pouvait avoir un but déterminé ; il n'était possible ni de se mouvoir librement, ni d'embrasser l'ensemble du regard, ni de déranger les mouvements ; et, sans qu'on sût comment cela s'était fait, la flotte reprit le chemin du port et chercha un refuge auprès des retranchements élevés sur le rivage (1). "

Renonçant à lutter sur mer, les Athéniens se décidèrent à battre en retraite par voie de terre ; mais cette retraite fut un épouvantable désastre. L'armée remonta d'abord la rive gauche de l'Anapo, harcelée par l'ennemi, puis elle fut devancée près des hauteurs du mont Acra par les Syracusains et ne put franchir les gorges ; elle changea alors de direction et marcha vers le sud. Nicias rejoint la côte et s'engage sur la route d'Heloros, mais Démosthène, qui commande l'arrière-garde, est atteint par l'ennemi et s'arrête pour lui faire face. Enfermé dans un enclos, le Polyzélion, par des forces de beaucoup supérieures, il est réduit à capituler avec 6,000 soldats.

Nicias s'efforce de gagner la vallée d'Asinaros, sans penser aux dangers que fera courir à ses troupes la rivière

1. *Thucyd.*, VII.

grossie par les pluies. La cavalerie massacre les fuyards, et les Péloponésiens les acculent dans la vallée. Nicias se rend à Gylippos ; il demande seulement qu'on épargne les survivants ; quant à lui, il s'abandonne sans réserve aux vainqueurs.

Tel fut le dernier acte de ce drame militaire qui devait avoir pour conséquence de mettre fin à l'hégémonie d'Athènes.

Syracuse abusa de son triomphe. Nicias et Démosthène furent mis à mort. Les prisonniers, entassés dans les latomies, reçurent pour toute nourriture la moitié de la ration accordée aux esclaves. Ils mouraient par centaines dans ces carrières exposées alternativement au soleil et à la fraîcheur des nuits. Quand les miasmes pestilentiels dégagés par les cadavres inquiétèrent les habitants, on sortit les survivants de ces tombeaux géants et ils furent vendus comme esclaves.

Une tradition rapporte que les Athéniens lettrés parvinrent à désarmer la haine des vainqueurs. Au dire de Plutarque, certains prisonniers durent leur salut à Euripide, pour avoir appris à leurs maîtres des fragments de ses poèmes. Et les rares captifs qui purent retourner en Grèce tinrent à honneur d'aller témoigner leur reconnaissance au grand poète tragique.

Avant de quitter la ville d'Agathocle, de Théocrite et d'Archimède, je vais faire un patriotique pèlerinage au petit port d'Augusta, dont les Français s'emparèrent en 1676 et où Duquesne défit la flotte de l'amiral Ruyter. Puis un train peu rapide, qui longe d'abord la côte et traverse ensuite la région malsaine limitée à l'est par le lac Lentini, me transporte en trois heures et demie aux portes de la cité etnéenne : Catane.

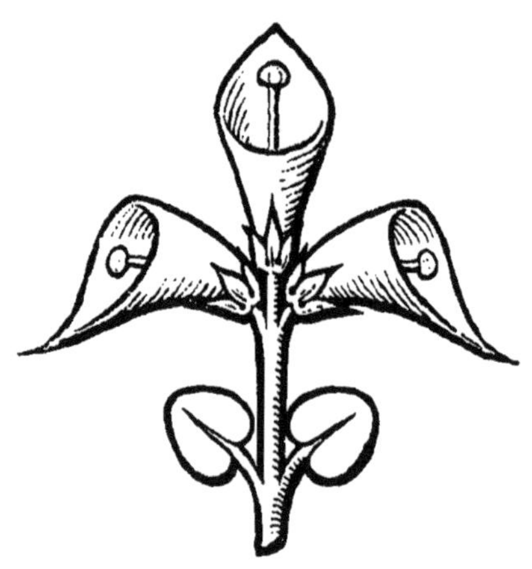

Chapitre Sixième.

CATANE ET L'ETNA.

La ville etnéenne. — Le volcan. — Les grandes éruptions. — Nicolosi. — L'ascension du mont Gemellaro. — La légende de sainte Agathe.

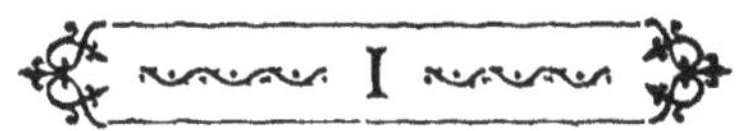

I

ATANE est une grande et jolie ville qui compte environ 100,000 habitants ; ses rues sont larges et bien dallées, ses hôtels confortables, ses maisons propres et symétriquement agencées, ses magasins bien montés ; elle diffère en tout cela des autres cités siciliennes, mais elle a le grave défaut de manquer de couleur locale et, ce dont on ne saurait la rendre responsable, d'être trop moderne.

Peu de ruines gréco-romaines ; après avoir visité Syracuse et Taormina, il est bien inutile de descendre à la lueur d'une torche dans le théâtre dont s'enorgueillit Catane. Les habitants ont voué une admiration toute méridionale à un musicien contemporain, leur compatriote.

Aimez-vous Bellini ? On en a mis partout... Une plaque commémorative marque la demeure où naquit le grand homme ; sur la place Stersicoro, on a érigé une statue où le compositeur est représenté entouré de personnages allégoriques figurant ses quatre principaux opéras : *Pirata, Norma, La Somnambula, I Puritani*. — L'œuvre, due au ciseau du sculpteur Monteverde, est d'ailleurs heureusement conçue. — Un théâtre, une place, une superbe villa entourée d'un vaste jardin, portent le nom de Bellini, et dans la cathédrale, sous les fondements d'un monument funèbre, reposent les cendres du maëstro, qui furent solennellement exhumées du Père-Lachaise en 1886 et transférées dans sa ville natale.

La place du Dôme, que longe le corso Vittorio Emmanuele et où vient aboutir la rue Stersicoro Etnea, qui semble descendre directement du volcan, est la plus belle de Catane. Au milieu, surmontant une fontaine, se dresse le petit éléphant de lave qui supporte un obélisque de granit. L'origine de cet éléphant est fort lointaine ; dans les temps antiques, il servait, dit-on, de *meta* pour les courses de chars.

En face de ce monument curieux mais peu artistique, s'élève le Dôme, imposant par sa masse et isolé par une balustrade qui emprisonne un square planté devant sa façade orientale. Commencée à la fin du XIme siècle par le roi Roger Ier, la cathédrale fut presque entièrement détruite

CATANE. — La place du Dôme.

par le tremblement de terre de 1169. De l'édifice primitif
il ne subsiste guère que les absides et une partie du transept de gauche. C'est le théâtre grec qui a fourni les premiers matériaux de construction et notamment les colonnes
de granit. Les sarcophages des souverains aragonais sont
disposés autour du maître-autel : d'un côté reposent
Frédéric II et son fils Jean de Randazzo, le roi Louis,
Frédéric III et la reine Marie ; de l'autre se trouve le
monument funèbre de la reine Constance, femme de Frédéric III. A droite de l'abside, dans un sarcophage d'argent, ont été recueillies les reliques de sainte Agathe. La
sacristie renferme une grande fresque de Mignemi, mal
dessinée, mais représentant d'une façon très réaliste l'éruption de 1669.

Derrière le séminaire attenant à la cathédrale, se développe en une ample courbe la Via della Marina, qui borde
la Villa Pacini et longe le port pour aboutir à la Piazza
dei Martiri. Pacini était un compositeur de troisième ordre,
mort depuis vingt-cinq ans ; et s'il n'avait pas eu la bonne
fortune de naître à Catane, où la gloire des musiciens est
pieusement cultivée, il est probable que personne n'eût
conçu l'idée d'en faire le parrain d'un monument ou d'une
promenade publique. On travaille assez activement à creuser et agrandir le port ; c'est une opération indispensable
pour assurer un débouché aux produits industriels et agricoles d'une des provinces siciliennes les plus riches et les

plus peuplées. Depuis la création du réseau ferré qui met Catane en communication avec Noto, Syracuse, Girgenti, Palerme et Messine, la ville a pris un sérieux essor commercial, et des raffineries de soufre très florissantes ont été établies dans le quartier voisin de la gare.

La Via Stersicoro Etnea, la plus large et la plus fréquentée, coupe la cité en deux parties égales. Il faut la remonter dans l'après-midi, quand le soleil n'est pas trop éblouissant ; on y voit de luxueux équipages, et sans la pénurie des promeneuses, on se croirait à Palerme, dans la rue Macqueda, à l'heure où l'on revient de La Favorita.

A gauche, à l'angle de la place du Dôme, se trouve une grande bâtisse sans style : le palais du Municipe ; un peu plus loin a été érigé le palais de l'Université. Le roi Alphonse, au milieu du XVe siècle, fonda à Catane la première université sicilienne, et la ville est fière d'être restée longtemps la capitale littéraire de l'île. On a placé sous la direction universitaire une bibliothèque, assez peu importante d'ailleurs, et une remarquable collection de coquillages.

La rue traverse ensuite la Via Lincoln, récemment agrandie, et la place Stersicoro, consacrée à Bellini, qui occupe l'emplacement d'un amphithéâtre romain enseveli sous la lave. Enfin, à l'extrémité de la ville, la pente, très douce jusque-là, se raidit brusquement : nous sommes devant les beaux jardins en terrasses étagées qui portent le nom de Villa Bellini, et d'où l'on contemple, derrière les collines boisées d'oliviers et d'orangers, le volcan géant dont la fumée, blanche comme la neige qui coiffe ses cônes, monte lentement vers le ciel.

Le voyageur qui a parcouru les ruelles misérables de Girgenti, de Syracuse et même de Palerme, éprouve une sensation de bien-être et de propreté en cheminant sur les larges trottoirs de la cité etnéenne. Mais, si Catane est moderne dans son aspect extérieur, il n'en faut pas conclure que les mœurs de ses habitants soient très raffinées. C'est dans ce coin de la Sicile que les vieilles coutumes sont le plus strictement gardées. La femme est à peine émancipée de l'état de servitude auquel les Sarrasins l'avaient autrefois réduite. Jeune, elle sort rarement dans la rue, et est toujours accompagnée d'une duègne; dans les familles de la noblesse et de la meilleure bourgeoisie, on ne donne aux jeunes filles qu'une instruction fort rudimentaire, et quelques-unes ne savent ni lire ni écrire. Quand un Catanien vous invite à venir le voir, vous ne rencontrez jamais une silhouette féminine dans sa maison, et vous passeriez pour un grossier personnage si vous sollicitiez l'honneur d'être présenté à sa femme ou à sa fille.

Les jeunes gens sont rarement admis à courtiser la jeune fille qu'ils songent à épouser. On échange des protestations d'amour en cachette des parents ; on a recours à l'intermédiaire d'une modiste ou d'une blanchisseuse pour faire connaître ses sentiments ; et un enlèvement compliqué d'incidents dramatiques est parfois le prélude d'une union qui sera d'ailleurs calme et heureuse.

Le dimanche est le seul jour où l'on puisse apercevoir les Cataniennes, qui se rendent très exactement aux offices religieux. Il y a quelques années, riches et pauvres portaient encore la *toppa*, grand sac de taffetas noir qui les enveloppait de la tête aux pieds ; il fallait un savant apprentissage pour faire ressortir une taille fine sous ce cilice ; on y arrivait cependant en croisant les bras et en pinçant l'étoffe à l'aide des coudes. Aujourd'hui, la plupart des jeunes femmes abandonnent ces manteaux informes, mais sans se rapprocher beaucoup des modes européennes.

Vêtues de robes sombres, elles ont la tête encapuchonnée dans un châle, et l'on n'aperçoit guère que le milieu du visage et quelques cheveux frisés formant toupet sur le front. Les élégantes portent des talons Louis XV et fixent leur châle au chignon par une épingle à grosse tête d'or. A l'époque des fêtes de sainte Agathe, la patronne vénérée du pays, la coutume accorde aux femmes un jour de liberté. Elles en profitent pour se promener la tête couverte d'un voile épais qui ne laisse apercevoir qu'un œil ; elles intriguent les jeunes gens de leur connaissance — tout comme font les Romaines et les Napolitaines dans un *veglione* de carnaval.

CATANE n'a pas eu d'historien comme Diodore pour raconter ses origines, de poète comme Empédocle pour chanter les gestes de ses enfants, mais un écrivain géant a tracé sur le sol en lettres de feu les péripéties de son existence ; il a tour à tour détruit ou fécondé son territoire par sa lave et ses cendres ; il a pesé sur sa destinée de tout le poids de sa masse. Cet écrivain est l'Etna, et l'histoire de ses éruptions se confond avec celle de l'antique colonie fondée par les Chalcidiens.

L'Etna s'appelle en sicilien *Mongibello*, de l'italien *monte* et de l'arabe *djebel*, dont la signification est identique et que les indigènes ont amalgamés pour renforcer l'idée et bien établir que pour eux l'Etna est le mont par excellence. C'est un énorme massif volcanique orienté du nord au sud, dont le principal cône atteint 3,300 mètres et dépasse de près de 2,000 mètres les plus hautes montagnes du plateau sicilien. Les Anciens en firent la prison du géant Encelade, et placèrent dans ses profondeurs la forge de Vulcain.

Dante jugea bon, dans son *Paradis*, de protester contre ces conceptions mythologiques :

E la bella Trinacria, che caliga
Tra Pachino e Peloro, sopra 'l golfo
Che ricere da Euro maggior briga,
Non per Tifeo, ma per nascente solfo.

Virgile a chanté le Volcan : " Tantôt il vomit dans l'air d'affreux nuages de fumée, de bitume, de cendres ardentes, et des globes de feu qui volent jusqu'aux astres ; tantôt, arrachant de ses entrailles des éclats de rochers, il lance avec fracas vers le ciel les laves brûlantes qui bouillonnent au fond de ses abîmes (1). "

Pindare a décrit en termes fort éloquents les phases d'une éruption qui eut lieu en l'an 476 avant Jésus-Christ. C'est dire que, si l'on ne s'entendait pas sur les causes des ébullitions souterraines, l'Etna n'en fut pas moins de toute antiquité considéré comme un volcan. Le nombre des éruptions, généralement accompagnées de tremblements de terre, est trop élevé pour être relaté ; l'on ne conserve guère le souvenir que de celles qui occasionnèrent des désastres.

Par une particularité curieuse, les années fatales se ter-

1. *Enéide*, livre III.

CATANE. — La rue Stersicoro Etnea.

minent toutes par les chiffres 3 ou 9 : 1169, 1323, 1669, 1819. L'éruption de 1669, une des plus violentes, coûta la vie à beaucoup de gens, et priva d'abri 27,000 personnes ; celle de 1693 fut suivie d'un tremblement de terre qui détruisit 40 villes ou villages et engloutit 60,000 êtres vivants ; les plus récentes datent de 1886 et 1893.

Au commencement de mars, après un hiver relativement rigoureux, quand une épaisse couche de neige couvre encore les terrasses supérieures du volcan, l'ascension, si facile dans la belle saison, est rarement tentée. Je tenais cependant à voir de près le monstre terrible aux flancs de feu. Paul de Musset, qui visita Catane il y a une quarantaine d'années, en fut réduit, par suite du mauvais temps, à faire une ascension imaginative sur le plan relief de Gemellaro. Ce savant, surnommé plaisamment le docteur de l'Etna, eut la gloire posthume de baptiser un cratère. Une pareille mésaventure m'eût profondément chagriné.

Je me rendis Via Lincoln au secrétariat du club alpin italien, par qui sont patentés les guides. Un jeune homme pimpant et frisé se mit aimablement à ma disposition pour " tous les renseignements dont je pourrais avoir besoin. " Je sollicitai simplement une réponse à la très simple question : Peut-on d'ici deux ou trois jours entreprendre l'ascension ? Il paraît que la question était délicate, car je dus aller chercher la réponse à Nicolosi.

Nicolosi est un gros bourg, situé à 700 mètres d'altitude, sur la bissectrice de l'angle formé par deux coulées de laves. C'est là qu'est installé l'office des guides.

Je pars à cinq heures du matin. Le ciel est clair, mais il vente dur. Les limites de Catane sont à peine franchies que la montée commence ; la route est assez bonne, empierrée avec des débris de lave ; des villas s'étagent ceintes de jardins et bordées de cactus ; on traverse deux gros bourgs : Gravina et Mascaluccia, dont les rues sont dallées avec autant de soin que celles de la cité. Je remarque dans les murs de toutes les maisons des trous carrés disposés en quinconces : les habitants ont peut-être imaginé ces détails d'architecture pour limiter les crevasses au moment des tremblements de terre et pour faciliter les réfections ultérieures... On n'est pas plus prévoyant. La montée s'accentue et les deux chevaux de ma voiture gravissent très lentement la pente ; le pays devient plus sauvage, les jardins disparaissent ; on ne cultive plus que la vigne et des murs en lave noirâtre constituent les limites des champs. Nous atteignons les pauvres masures de Corre di Grifo et bientôt après Nicolosi. C'est un assez grand village que dévasta la coulée de lave de 1669, mais qui, depuis lors, a été épargné par le volcan. Sur la place est une belle église dédiée à saint Antoine, le Saint préféré des habitants. Quand les grondements souterrains, précurseurs de l'éruption, se font entendre, le clergé sort processionnellement les pieuses images de saint Antoine, et tous les habitants s'en vont faire leurs dévotions à la chapelle d'Altarelli, située sur un mamelon qui domine le village.

J'envoie chercher le *Capo delle Guide* (chef des guides), un grand montagnard solidement charpenté, et lui demande si l'ascension du grand cône est faisable. — Il **fait un** geste énergique de dénégation ; et, après avoir regardé le ciel, où de longs nuages sombres défilent rapidement, chassés par le vent du sud-est, il me dit : " Je crois qu'on peut aller au Gemellaro ; le cratère fume ces temps-ci, mais la montée sera rude par ce diable de temps ".

A l'auberge Liotta, où je passe quelques instants pendant qu'on fait seller les mules, on me sert un flacon de vin de l'Etna. C'est un vin sirupeux, d'aspect pharmaceutique avec un arrière-goût de soufre très prononcé. Affublé d'une casquette se rabattant sur les oreilles et de jambières de laine, je pars, accompagné d'un guide patenté et d'u auxiliaire *(allievo guida)*.

On divise théoriquement en trois zones climatériques le massif de l'Etna ; la première, de la base à l'altitude de 800 mètres, est fertile et cultivée : elle contient de riches vignobles ; la seconde, désignée sous les vocables *nemoroso* ou *il bosco*, était autrefois très boisée ; elle l'est moins aujourd'hui, mais on y trouve encore des bouquets de hêtres, d'ormes, de pins et de châtaigniers ; au-dessus de 1,800 mètres s'étend la *Scoperta*, région désolée où les laves noires alternent avec les nappes de neige et les scories grisâtres. En réalité ces zones se croisent et s'entre-mêlent ; en certains points la vigne pousse jusqu'à 1,800 mètres, et des bandes de laves arides sont parfois interca-lées entre deux tranches de terre cultivable. Un poète du moyen-âge a essayé de décrire cette variété de climats dans une ode qui commence par ces vers :

In te seggio di odori
Sta primavera assisa.

Il n'y a pas de temps à perdre pour être de retour à Nicolosi avant la nuit. Le chemin, d'abord assez large, est bientôt resserré par les blocs rocheux ; nous laissons à gauche les monts Rossi, mamelons jumeaux qui surgirent du sol à la suite d'une violente éruption, et nous nous engageons sur un immense plateau de lave, qui ressemble à une mer démontée dont les vagues géantes auraient été instantanément solidifiées. La marche devient difficile, nos mules ont le pied sûr et buttent rarement, malgré les pierres roulantes semées dans le sentier. Parfois, il faut franchir un bloc de rocher qui n'est strié par aucune fissure ; les braves bêtes glissent mais se raccrochent sans tomber. Pendant deux heures nous tournons dans les dédales de cette vallée de lave, puis un pic se dresse devant nous et la montée devient très raide ; l'air est plus léger et le froid glacial ; un nuage passe à quelques mètres au-dessus de nos têtes, laissant derrière lui une traînée de grésil et de neige fondue. Nous montons encore; le sommet est franchi et nous redescendons d'une centaine de mètres. Devant nous s'étend une longue plaine de cendres qu'il nous faut traverser. J'aperçois sur la droite une maisonnette adossée à un rocher : " C'est la maison d'un propriétaire ", me dit le guide. Heureux propriétaire, qui a pour tout domaine quelques hectares de lave et de cendres à 2,000 mètres au-dessus du niveau de la mer !

Les mules sont épuisées, et nous mettons pied à terre. La marche est pénible dans ce sol mouvant ; les rafales de vent produisent des tourbillons de poussière noire qui vous aveuglent ; le sentier habituellement suivi a disparu sous la cendre et nous allons tout droit, prenant comme point de direction le Gemellaro, dont la pointe se détache nettement sur le ciel sombre, surmontée d'un épais panache de fumée blanche. Enfin nous arrivons au pied du mont, et l'ascension commence. Le sol cède à chaque pas ; avec son pic, un guide détache une grosse pierre qui s'en va rouler au fond d'un ravin et dont je suis longtemps des yeux la chute; de la petite excavation s'échappe une bouffée de vapeur soufrée. C'est sur la crête du cône que le sol résiste le mieux, mais le vent souffle en tempête et il faut s'arcbouter avec le bâton ferré pour ne pas être entraîné.

Bien que le ciel soit couvert et qu'on puisse difficilement distinguer les côtes de Calabre et l'île de Malte, la vue dont on jouit au sommet est bien faite pour nous dédommager des fatigues de l'ascension. L'horizon est limité de tous côtés par des cimes neigeuses, et nous dominons plusieurs cônes dont nous pouvons à loisir scruter les profondeurs. Une belle colonne de fumée s'échappe de celui qui est à droite ; un peu plus loin, sur la gauche, est le cône qui vomit des torrents de feu en 1886. La lave descendait dans la direction de Nicolosi, elle avait son allure des grandes éruptions et avançait de 60 à 80 mètres par heure. Épouvantés, les habitants du village implorèrent la clémence céleste. L'évêque de Catane vint à leur aide, il déploya le voile de sainte Agathe qu'on garde pieusement comme suprême ressource dans l'église cathédrale ; un nouveau tremblement de terre survint qui mit fin à l'éruption, et le village, dont la lave léchait déjà les contours, fut encore une fois sauvé.

La descente s'opère sans encombre ; on marche vite sur un sol qui vous accompagne, et il faut souvent se servir du bâton pour modérer la vitesse. Le froid est toujours vif, et les tourbillons de cendre se succèdent à de courts intervalles jusqu'au moment où nous arrivons à Nicolosi, où m'attend la voiture.

Au retour, sur le plateau où s'élève l'Institut œnologique de la province, le cocher me fait remarquer la traînée lumineuse que trace dans Catane la belle rue Stersicoro, et je ne peux m'empêcher d'admirer la ténacité, l'industrie, la foi des gens, qui ont à tant de reprises reconstruit leur ville et reconquis les champs dévorés par la lave, et qui continuent à planter et à bâtir à l'ombre de l'Etna....

***

Pendant la nuit qui suivit cette fatigante ascension je pensai beaucoup à sainte Agathe, la patronne de Catane, et revis comme en rêve les principales scènes de son martyre.

Sous le règne de l'empereur Decius, il y avait à Catane un gouverneur de Sicile nommé Quintianus. Cet homme était un adorateur d'idoles ; il s'était élevé aux honneurs par de honteuses intrigues ; il était débauché et d'une sordide avarice.

Agée de seize ans, Agathe brillait par quatre grandes qualités : elle était chrétienne ; elle appartenait à la plus noble famille de la ville ; belle entre toutes, elle avait voué au Seigneur sa virginité ; enfin, riche, elle était pitoyable aux pauvres et leur donnait tout ce qu'elle avait.

Quintianus entendit parler d'Agathe et conçut l'idée de l'épouser.

Mais la jeune fille, mandée en son palais, repoussa dédaigneusement ses propositions matrimoniales. Furieux de son refus, Quintianus la confia à une méchante femme qui la garda plusieurs semaines, puis il voulut la voir encore.

On la reconduisit devant le gouverneur, et celui-ci lui cria brutalement : " Sacrifie aux dieux, sinon je te ferai torturer. — Je ne m'inquiète pas de tes tortures, reprit la jeune fille; Dieu est avec moi. Si tu me jettes aux bêtes féroces, Dieu les changera en agneaux; si tu m'étends sur un brasier ardent, Dieu a des rosées pour l'éteindre; si tu me fais battre de verges, mes membres ne sentiront les coups que si Dieu le permet. "

Quintianus la fit enfermer dans un noir cachot, et le lendemain, la faisant de nouveau comparaître devant lui, il la somma encore de sacrifier aux faux dieux. Sur son refus, on l'attacha à une colonne, comme le Christ dans la maison de Pilate, et on la flagella cruellement. Meurtrie et ensanglantée, Agathe disait de sa douce voix : " Tu crois me faire mal, Quintianus; sache que ces tourments font ma joie comme une bonne nouvelle longtemps attendue, comme la vue d'une personne chérie qu'on croyait morte. " Fou de rage, le gouverneur ordonna à ses serviteurs de prendre des tenailles et de la torturer. Inondée de sang, la jeune martyre demeura inébranlable dans sa foi.

On reconduisit Agathe dans sa prison, et défense fut faite de soigner ses plaies. Mais, au milieu de la nuit, elle reçut la visite d'un homme qui portait dans un vase des remèdes salutaires et que précédait un enfant tenant un cierge à la main. C'était saint Pierre avec un ange du Ciel. Une éclatante lumière emplit la prison, et les gardiens, effrayés, prirent la fuite. Le Saint s'approcha d'Agathe et voulut panser ses blessures; elle s'y refusa, disant: " Vous venez panser mes plaies, mais je ne vous connais pas. — Ne crains point, ma fille, reprit saint Pierre, de me laisser toucher tes blessures. Je suis chrétien. — Ce n'est ni par crainte ni par réserve, reprit Agathe, que je refuse de te laisser toucher mes plaies ; mais je n'ai pas besoin de tes secours, ayant avec moi JÉSUS-CHRIST, qui guérit et qui sauve ceux qu'il lui plaît. " Saint Pierre répondit en souriant: " Je suis son apôtre, ma fille, et ta foi t'a guérie. " Puis il disparut mystérieusement avec l'ange.

Agathe était en effet guérie. Mais Quintianus ne s'avoua pas vaincu. Il la fit étendre sur un brasier ardent. Aussitôt la ville de Catane fut secouée par un terrible tremblement de terre. Les habitants, révoltés, menacent le gouverneur de le massacrer lui et les siens, s'il ne fait grâce à la jeune martyre. Quintianus, épouvanté, cède à leurs menaces. Agathe, délivrée, demande au Dieu tout-puissant de recevoir son âme et meurt sans souffrance.

Une théorie d'anges descend du Ciel pour l'ensevelir, et sur son cercueil on grave cette épitaphe : *Mentem sanctam, spontaneam, honorem Deo, patriae liberationem*, dont on peut ainsi traduire le sens : Sa sainteté fut spontanée; elle honora Dieu, elle sauvera sa patrie. Et en effet, sainte Agathe protège sa ville natale contre les tremblements de terre et les éruptions du volcan. Son voile de soie, *grimpia* ou *guimpa*, miraculeusement conservé, est le signe de son pouvoir surnaturel et protecteur. Au jour du danger, on le fixe au bout d'une lance d'argent, et le clergé se rend processionnellement au-devant du fleuve de feu, qui s'arrête ou se détourne de son cours (1).

Le martyre d'Agathe date de l'an 253, et, depuis seize cents ans, les habitants de Catane ont une foi absolue dans la miséricordieuse intercession de la Sainte auprès du Tout-Puissant.

---

1. Le corps de sainte Agathe fut gardé à Catane jusqu'en 1040. A cette époque les Grecs, voulant posséder ses précieuses reliques, les transportèrent à Constantinople. Mais la ville etnéenne, berceau et témoin du martyre d'Agathe, rentra plus tard en possession de son corps, qui repose aujourd'hui dans l'église des Dominicains de Sainte-Marie. Le récit de la translation des reliques a été fait par Maurice, évêque de Catane. Un Français et un Calabrais, Gislebert et Gosselin, enlevèrent secrètement le corps, de la Sainte et le restituèrent à sa patrie. — *Acta Sanctorum*, ap. Boll., Feb. t. I, f° 637-638.

Chapitre Septième.

LA COTE NORD-EST.

La côte orientale. — Aci Reale. — Taormina. — Messine.
— Souvenirs historiques et légendaires. — La prise de
Messine en 1848. — La cité moderne : la cathédrale, les
rues, les monuments. — Le détroit. — Les îles Éoliennes.

I

LA côte orientale de la Sicile, de Catane à Messine, est profondément tourmentée ; les coulées de lave, d'un noir de charbon, ont formé sur les plages de petites baies bizarres aux contours infiniment variés. La route, que la voie ferrée coupe très fréquemment, est une des meilleures de l'île. Elle sort de Catane en face de la gare, traverse le faubourg des raffineries et des entrepôts de soufre, et court assez près de la mer, laissant à droite et à gauche des villas de modeste apparence.

Le premier gros village qu'on rencontre est Aci Castello ; L'Etna a plusieurs fois envahi ses abords, mais il a respecté son promontoire rocheux que domine un vieux castel. Fier et provoquant comme ces burgs qui menacent les rives du Rhin, le château-fort garde des vestiges pittoresques de sa vie passée; c'est là que les partisans de Roger Loria se réfugièrent en 1297 pour résister à Frédéric II.

Le fleuve Acis, chanté par Homère, a baptisé plusieurs villes, îles et villages de cette curieuse région; mais son aspect a bien changé; il n'y a plus ni prairies verdoyantes, ni végétation savoureuse, ni eaux limpides cascadant dans les rochers; seule, la légende du Cyclope, si éloquemment décrite par le poète, n'a pas déserté ces falaises sombres battues par la houle de l'est.

Aci Reale est une ville de 25,000 âmes, entièrement reconstruite depuis le tremblement de terre de 1693. Elle repose sur un plateau constitué par des résidus volcaniques et se termine brusquement par une falaise haute de plus de cent mètres. Au pied de ces imposants rochers est incrusté un joli village de pêcheurs. On y descend par un sentier tortueux taillé à pic dans la falaise et qui mérite bien son nom de « grande échelle »; non loin de là est la Grotte des Colombes, où les vagues s'engouffrent avec fracas par les gros temps, produisant un chaotique et assourdissant tapage.

La petite ville de Giarre, qui donne accès aux cratères qui s'ouvrirent en 1865 et à la *Valle del Bove*, est

Le théâtre grec de Taormina.

assez pittoresque; à deux lieues de ses murs, se trouvent les débris du célèbre châtaignier des Cent Cavaliers, dont la circonférence dépassait cinquante mètres. Encore quelques heures de route à travers le district assez malsain où s'élevait autrefois Naxos, et nous voici à Taormina.

Taormina est un des sites les plus grandioses de la Sicile, et l'on conçoit que les Grecs, qui savaient merveilleusement choisir leurs perspectives, y aient édifié un de leurs plus beaux théâtres. La plateforme du château, le village de Mola, le monte Venere s'étagent vers le nord-ouest; la vallée de l'Alcantara trace dans la région montagneuse un profond sillon, et le fond du décor est formé par la crête blanche de l'Etna, qui s'assombrit progressivement à mesure qu'elle décline à l'horizon pour se fondre avec la mer.

Une longue rue en forme d'arc, à laquelle s'amorcent quelques étroites ruelles, constitue la ville actuelle, peuplée de 3,000 habitants. On y remarque le palais Corvaja, d'un bel effet décoratif avec sa dentelure de créneaux et ses fenêtres mauresques; c'est là que les Anglais font célébrer l'office divin par un pasteur venant de Messine à des dates assez peu régulières.

Denys, destructeur de Naxos, fit construire *Tauromenium*, qui fut tour à tour soumise aux Carthaginois, à Pyrrhus, aux Romains. A plusieurs reprises, ses habitants sont déportés ; Octave punit la ville de s'être prononcée en faveur de Pompée en y établissant une colonie italienne. Au temps de Strabon, Tauromenium s'était enrichie et peuplée ; sa forte position naturelle semblait la mettre à l'abri des incursions. En l'an 869, les Arabes tentent vainement de s'en emparer ; ils sont plus heureux en 902. Ibrahim-ibn-Ahmed attire la garnison sur la côte, la taille en pièces, et, la poursuivant l'épée dans les reins, force l'entrée de la place. Malgré les cruautés des vainqueurs, les habitants survivants ne perdent pas courage et parviennent à recouvrer leur indépendance. Il faut que l'émir Hassan recommence la conquête et reprenne la ville soixante ans après Ibrahim. Mais cette fois Tauromenium était bien morte. Une colonie musulmane s'installa sur ses ruines, qui furent baptisées : *Moezzia*.

Par un curieux retour des choses d'ici-bas, les Arabes ont laissé moins de traces historiques encore que leurs prédécesseurs dans cette région de la Sicile, et l'on douterait presque de la réalité de leur conquête, si l'on n'apercevait les longues files des tombeaux musulmans taillés dans le rocher.

Les Normands survinrent au XIe siècle et s'efforcèrent de ressusciter la ville. En 1676, les Français s'emparèrent de Mola et de Taormina, mais ne purent s'y maintenir qu'une année.

Telle est, résumée à grands traits, l'histoire de Taormina,

qui n'est plus aujourd'hui qu'un grand village, célèbre par son théâtre antique où les touristes venus de Naples sous la direction d'un agent de la maison Thos. Cook et C⁰, ont coutume de s'installer pour contempler le lever du soleil.

Ce théâtre, grec d'origine mais réparé et aménagé pendant la période romaine, offre des proportions plus modestes que celui de Syracuse, mais il pouvait encore contenir plus de 30.000 spectateurs. Les Arabes le détruisirent, et le duc de San Stefano recueillit pour décorer son palais la plupart de ses ornements de marbre ; cependant quand, vers 1748, il fut question de restaurer ce monument, on trouva que ses ruines étaient remarquablement conservées, et il suffit de quelques fouilles habilement dirigées pour lui rendre sa physionomie primitive. Des maçonneries cimentées par des ouvriers romains protégeaient toute la partie supérieure de l'hémicycle ; la scène, avec ses trois portes postérieures, était en parfait état ; on aurait cru que les acteurs, coiffés du masque tragique, venaient à peine de la quitter ; des colonnes blanches surgissaient intactes, couronnées de gracieux chapiteaux ; on pouvait compter les stalles, que divisaient les neuf *cunei*. Seule, la reconstitution du *thymela* (plateforme élevée où se massait le chœur) exigeait un peu de travail imaginatif et pouvait fournir un thème aux discussions savantes des archéologues.

M ESSINE « la Noble », que la forme arquée de son port avait fait naguère surnommer *Zancla* (faucille), est, avec ses 120,000 habitants, la seconde ville de la Sicile. Son existence fut si mouvementée qu'elle conserve peu de vestiges de ses vicissitudes ; et, en longeant l'imposante ligne de ses quais, en parcourant ses rues veuves de monuments, on se croirait dans une de ces cités américaines nées toutes grandes sur un sol sans passé.

Et cependant que de souvenirs historiques se rattachent à Messine et à ce détroit placé comme un trait d'union sur les cartes géographiques entre l'Orient et l'Occident de la Méditerranée !

Voici d'abord les fondateurs, pirates cuméens et chalcidiens qui ont compris d'instinct la valeur stratégique de cette rade naturelle accrochée au milieu de la passe ; Anaxilas quitte Rhegium pour s'installer dans cette nouvelle ville et y attire des Péloponésiens. Messine s'allie à Acragas contre Syracuse, mais reste neutre dans la longue lutte engagée entre Athènes et la colonie corinthienne. Le Carthaginois Himilcon la détruit et disperse ses habitants dans les montagnes ; Denys la rebâtit et en fait sa base d'opérations contre Rhegium. Les Carthaginois reviennent

Panorama de Messine.

à la charge ; ils sont repoussés par Timoléon. En 282 avant Jésus-Christ, les Mamertins, anciens mercenaires d'Agathocle qui se prétendent « fils de Mars », prennent possession de la ville et s'y maintiennent, malgré tous les efforts de Pyrrhus pour les en déloger. Au bout de quelques années, ils finissent par porter ombrage aux deux puissances, Carthage et Syracuse, qui se disputent l'empire de la Sicile. Hiéron les battit, les refoula dans Messine et allait les écraser, quand le gouverneur carthaginois des îles Éoliennes intervint pour lui barrer le passage.

Les Mamertins l'avaient échappé belle. Ils se souvinrent de leur origine italienne et dépêchèrent des ambassadeurs pour demander secours à Rome. Ils passaient pour des aventuriers peu recommandables et le Sénat hésitait à prendre leur défense. Les consuls en appelèrent au peuple pour couvrir leur responsabilité et mirent en lumière les empiétements successifs des Carthaginois en Sardaigne, aux Lipari, en Sicile. Le peuple comprit la nécessité où se trouvait Rome de prendre position en Trinacrie pour ne pas se voir à jamais fermée la mer Tyrrhénienne, et le tribun légionnaire Claudius reçut l'ordre de se rendre à Messine.

Hannon s'était déjà fortifié dans la citadelle ; les vaisseaux carthaginois fermaient le détroit, et Claudius reçut du général ennemi ce laconique et présomptueux message : « Pas une barque ne passera et pas un de vos soldats ne se lavera jamais les mains dans les mers de Sicile (1). »

Le tribun eut recours à la ruse ; il protesta des bons sentiments de Rome en faveur de Carthage, et, au cours d'un entretien qu'il eut avec Hannon, s'assura de sa personne. Croyant sauver sa vie, Hannon livra la citadelle ; il fut mis en croix à son retour en Afrique.

Hiéron s'allia aux Carthaginois contre ces nouveaux larrons qui jetaient leur dévolu sur la terre sicilienne. On marcha sur Messine, après s'être débarrassé par un horrible massacre des mercenaires italiens dont on prévoyait la défection, mais le consul romain Appius Claudius avait réussi à passer le détroit avec 20,000 hommes. Les deux armées alliées, qui n'avaient pas opéré leur jonction, furent successivement mises en déroute. Hiéron, poursuivi jusque sous les murs de Syracuse, jugea plus avantageux de conclure un traité avec les vainqueurs, et les légions romaines renforcées purent, dès l'année suivante, pénétrer dans l'intérieur de l'île et obtenir la soumission de plus de soixante villes.

Messine reçut le contre-coup des secousses violentes qui ébranlèrent le colosse romain. Octave la mit à sac et Auguste y établit une colonie. Faut-il rappeler la prise de

---

1. *Histoire des Romains*, par Victor Duruy, tome I.

la ville par les Arabes, puis par les Normands, le rôle
qu'elle joua pendant les Croisades, l'attaque de Richard
Cœur de Lion et le siège de Charles d'Anjou ? Messine
lutta souvent pour son indépendance, ce qui ne l'empêcha
pas d'accepter les faveurs de Charles-Quint et de demander des secours à Louis XIV. Elle eut à supporter bon
nombre d'infortunes : la peste de 1740, qui coûta la vie
à 40,000 personnes, le tremblement de terre de 1783,
qui jeta bas les trois quarts des maisons, le bombardement de 1848 et le choléra de 1854, qui fit plus de
16,000 victimes.

Il faut savoir gré à cette cité laborieuse d'avoir résisté à
tant d'épreuves et d'avoir bravé de pareilles tempêtes :

> Oh chi timpestà ! Quantu nuvuluni
> Càlati juncu, làssila passari (1) !

Les libéraux de tous pays se sont-ils assez indignés de
la prise de Messine par le général Filangieri, en 1848, et
des prétendues cruautés de l'armée royale napolitaine !

Il n'est pas inutile de faire un retour historique sur ce
« bombardement » légendaire.

Le roi Ferdinand II n'était pas un cruel tyran. Il venait
d'accorder à ses sujets siciliens le rétablissement de la

---

1. *In Solitudine*, par Cannizzaro, vol. II, page 433.

Constitution de 1812, et l'ouverture du Parlement avait été fixée au 25 mars, quand éclata la Révolution de Février qui ébranla tous les trônes d'Europe.

La Sicile jouissait à cette époque d'une réelle prospérité ; elle ne contribuait que pour un quart aux dépenses générales du royaume ; elle était exempte de conscription, ne payait ni l'impôt du timbre, ni les taxes frappant le sel, le soufre, le tabac. Des routes avaient été tracées à l'intérieur de l'île ; le port de Catane était agrandi et amélioré par la construction du môle ; le Simeto avait été canalisé pour faciliter l'irrigation des terres hautes ; la marine marchande, encouragée par le gouvernement, se développait rapidement, et les voiliers de Palerme, de Marsala et de Messine s'en allaient jusqu'aux Indes faire concurrence aux navires anglais (1).

Mais les ferments révolutionnaires, dont le célèbre lord Minto s'était fait le propagateur dans toute l'Italie, avaient préparé le rébellion de l'île. Le 13 avril, la Sicile proclamait la déchéance de la dynastie bourbonienne, et, le 11 juillet, elle offrait la couronne au duc de Gênes, second fils de Charles-Albert.

Ferdinand II avait incontestablement le droit de se défendre et de réprimer une insurrection que l'Angleterre

1. *Histoire de la Révolution des Deux-Siciles*, par le baron Léon Hervey Saint-Denis, Paris, Amyot, 1856.

voyait d'un fort bon œil. C'est au général Filangieri (1) que fut confié le commandement du corps expéditionnaire. Par ses qualités militaires, la fermeté et la modération de son caractère, il méritait à tous égards d'être chargé par le roi de la mission délicate de reconquérir la Sicile et de la pacifier.

La prise de Messine fut son premier objectif. La ville comptait alors 90.000 habitants, en y comprenant la population des quarante-trois villages ou *casali* suburbains. Les troupes napolitaines de la garnison, sous les ordres du général Pronio, avaient pu, malgré les attaques des insurgés, se maintenir dans le fort Salvatore, qui commandait l'entrée du port, et dans la citadelle, réduit fortifié du XVIIe siècle, situé sur l'isthme reliant la place de Terranuova à la presqu'île de Santa Raniera.

Les insurgés étaient maîtres des forts Gonzaga et Castellaccio, qui dominent la section sud-ouest de la ville, et de la batterie du Real Alto. Sur la plage de Maregrosso, s'élevait aussi une batterie qu'ils avaient baptisée *Sicilia*.

La tour de Mattagriffone, les Noviciats de Torre Vittoria et des Jésuites étaient également garnis de canons. Mais la

---

1. Le général Filangieri, prince de Satriano, avait servi sous le premier Empire et fait partie de la grande armée. A Mariazel, il s'était emparé d'un drapeau ennemi ; à Austerlitz, il avait été blessé à la tête. Il entra ensuite au service de Naples, fut successivement promu chef d'escadron, colonel et maréchal de camp. En 1814, il fut nommé lieutenant-général sur le champ de bataille.

distance séparant ces batteries de la citadelle et du Salvatore variait de 1200 à 1800 toises, en sorte que les pro-
jectiles firent moins de mal aux troupes royales qu'à la
cité.

La légende révolutionnaire a singulièrement dramatisé
le « bombardement de Messine. » A l'Exposition de
Palerme en 1892, j'ai vu un grand tableau d'un brillant
coloris représentant l'effondrement de la ville sous une
pluie de boulets rouges. En réalité, les insurgés furent
seuls responsables des désastres occasionnés par le tir de
l'artillerie (1), et, défaits par les troupes royales, ils imi-
tèrent les incendiaires de Moscou, et mirent le feu aux
maisons de la ville.

Les troupes royales débarquèrent le 6 mars, à hauteur
des villages de San Cosmo, Gazzi et Contessa, où elles
rencontrèrent une énergique résistance. Le lendemain,
le général en chef — qui disposait d'environ sept mille
hommes quand les rebelles n'étaient pas moins de seize

---

1. « Il suffit de voir comment étaient situées les batteries des rebelles pour se
convaincre que leur feu, non moins que celui de la citadelle, devait inévitablement
produire les désastres que Messine déplore aujourd'hui. Mais à qui la faute ? Aux
insurgés. Si les officiers qui dirigeaient les travaux n'avaient eu pour but que
de s'emparer de la forteresse sans ruiner la ville, ils auraient ouvert la tranchée
dans la campagne au sud, puis, s'approchant d'abord du bastion D. Blasco, traversant
ensuite la plaine de Terranuova, ils seraient arrivés à couronner les glacis. Établies
sur ce point, leurs batteries de brèche les auraient alors rendus maîtres des ouvrages
extérieurs, et enfin du cœur de la place. »

(*Discours* prononcé devant la Chambre des Pairs dans la séance du 8 février 1849,
par le général Filangieri, prince e Satriano.)

mille — donna l'ordre d'enlever les batteries de Santa Cecilia et du Noviciat pour tourner ensuite la porte Zaera.

Le mouvement fut exécuté avec entrain et vigueur. Pour gagner du temps, les insurgés sollicitèrent l'intervention des commandants Robb et Nonay, chefs de la station navale anglaise et française, et ces officiers demandèrent avec instance au général en chef d'accorder une trêve et de débattre, à bord du bâtiment français *l'Hercule*, les conditions d'une capitulation.

Mais le général Filangieri ne pouvait accepter qu'une soumission complète ; il refusa de cesser les hostilités et donna l'assaut à la redoute et au monastère de la Madeleine, dont il s'empara après une lutte acharnée.

Le 8 mars, les troupes entraient dans la ville par les portes Zaera et Nuova ; elles avaient combattu vingt-neuf heures et perdu un sixième de leur effectif (1).

On voit que le terrible bombardement, qui servit de thème aux journaux révolutionnaires pour émouvoir l'opinion publique en faveur des Siciliens, se réduisit à peu de chose. Les non combattants ne souffrirent que de l'échange des coups de canon entre la citadelle et les batteries insurgées, et tout historien digne de ce nom est obligé de reconnaître que le général Pronio ne s'écarta

---

1. *Les Régiments suisses de Naples dans les années 1848 et 1849,* par un officier du régiment bernois.

« ni des règles de la guerre ni de celles de l'humanité (1). »

Plusieurs pamphlétaires sans scrupules, comme Pepe et le général Ulloa, ont parlé en termes indignés des excès commis par les colonnes d'assaut. Si l'on eut à constater des actes de sauvagerie abominable, ce fut surtout du côté des insurgés.

Le 3 septembre, deux cents soldats suisses, appartenant à la garnison de la citadelle, furent faits prisonniers au cours d'une sortie offensive. On les égorgea jusqu'au dernier, et la populace se souilla par des atrocités inouïes. Des cannibales dépecèrent les cadavres, accrochèrent à leurs boutonnières les oreilles de leurs victimes. On alluma des feux de joie pour rôtir leurs membres et l'on cria dans les rues : « *A un sou le kilo de chair napolitaine, à deux sous la viande des Suisses* (2) ! »

Toutes ces horreurs furent de notoriété publique, et les débats de la Chambre des Pairs à Naples les portèrent à la connaissance des Cours européennes.

Avec une grandeur d'âme dont on ne lui fut guère reconnaissant, le roi Ferdinand II s'efforça de panser les plaies causées par la guerre civile. Certains impôts furent

---

1. *Histoire de la Révolution des Deux-Siciles*, par le baron L. Hervey-Saint-Denys.

2. *Relation de la Prise de Messine.* Naples, 1848.

momentanément suspendus ; Messine jouit du privilège des ports francs, et, le 10 septembre, une amnistie générale, dont quelques chefs étaient seuls exclus, fut généreusement accordée aux insurgés siciliens.

La foi religieuse s'est conservée vivace à Messine et les gens du peuple sont heureux de vous conter leurs pieuses légendes. L'une d'elles se rattache aux premiers temps du christianisme et a donné naissance à un culte particulier à la cité, celui de la *Madonna della Lettera*. La Sainte Vierge visita l'apôtre Paul pendant qu'il évangélisait la Sicile, et lui remit, aux intentions des habitants de Messine, une lettre autographe et une mèche de ses cheveux. Les cheveux sont précieusement enfermés dans un reliquaire que le clergé offre tous les ans à la vénération des fidèles en une solennelle procession, mais la lettre de Marie fut réduite en cendres par l'incendie de l'an 1254 qui détruisit la cathédrale, tandis qu'on célébrait les funérailles de l'empereur Conradin IV.

Le trésor du Dôme contient bien deux copies de ce document sacré, mais leur authenticité n'est pas établie, et l'on suppose, non sans raison, qu'elles sont l'œuvre du fameux falsificateur Lascaris (1). Ces copies, rédigées en latin, commencent par ces mots : *Vos et ipsam civita-*

---

1. *La Sicilia*, par A. Schneegans. — Firenze, 1890.

tem benedico, qui sont devenus la devise religieuse de la ville.

Le souvenir de l'intrépide Roger, qui délivra la cité du joug des Infidèles, est encore présent à la mémoire des habitants de Messine. L'anniversaire de cette délivrance est célébré par une fête populaire appelée la *Vara*, fixée au 15 août, jour de l'Assomption. « Dans cette solennité, à laquelle assistent toutes les autorités de la ville, le clergé, les moines et les confréries, dont une immense population accompagne le cortège, on représente en même temps, d'une manière symbolique, l'Assomption de la Vierge et le triomphe du chef normand sur le prince arabe Griffon. Sur un char, d'une hauteur prodigieuse et divisé en plusieurs plateformes, différentes scènes figurent la Mère du Sauveur expirant au milieu des Apôtres, puis transportée au Ciel par les Anges, et là rendue par eux entre les mains de DIEU le Père. Viennent ensuite deux statues en bois, de grandeur colossale, représentant Roger et Griffon, à la suite desquels on voit un chameau que, suivant la tradition, le chef arabe montait dans son dernier combat (1). »

La fête de la Vara ne rappelle-t-elle pas celle des Panathénées d'Athènes, où un vaisseau marchait sur la terre par le moyen de machines cachées ? On voyait flotter sur

---

1. *L'Italie : Études historiques*, par Alphonse Dantier, tome I, p. 246-247.

ce navire le *Peplus*, grande robe de Minerve, et sur ce Peplus, objet de la vénération de l'Attique, étaient brodés les exploits de Minerve et sa victoire sur Encelade et Typhon.

Les fêtes de Zancle (1) et de Rhée procèdent à la fois du christianisme et du paganisme. Les habitants de Messine attribuent leur fondation à *Kronos*, le Saturne des Latins. Quant à Zancle et Rhée, ils ont été baptisés et ont perdu leur titre de divinités païennes. Aussi promenait-on, en cette fête du 15 août, deux personnages de quarante pieds de haut, montés sur des chevaux de bois, suivis et précédés par des musiciens.

Sur le parcours du cortège, les fenêtres et les balcons se garnissaient de femmes très parées, faisant retentir l'air de leurs cris de joie qui se mêlaient au carillon de cinq ou six cents cloches. Il est difficile de se figurer le délire des habitants de Messine pendant les quarante jours que dure la Vara. Les réjouissances des Palermitains en l'honneur de sainte Rosalie en donnent seules une idée approximative.

Autrefois, la fête du roi ramenait chaque année une cérémonie assez étrange dont le vicomte de Marcellus a transcrit le récit (1) :

« Un char rouge et or, attelé de quatre mules, porte

---

1. Le nom de *Zancle*, mot grec qui signifie faucille, rappellerait, d'après Silius Italicus, la tradition suivant laquelle Saturne aurait laissé tomber sa faux en Sicile ; d'après Macrobe, ce serait un symbole de la fertilité de l'île. — Dantier, *l. c.*

1. *Vingt Jours en Sicile.* Paris, Debicourt, 1841.

les six sénateurs de Messine, leurs perruques poudrées descendant en larges anneaux sur leurs toges noires. Le cortège se rend à la grande église, où, en l'honneur de la fête du roi Ferdinand, va se chanter un *Te Deum* solennel. Cette cérémonie, que préside l'archevêque, est précédée de la longue lecture des grâces octroyées par Sa Majesté à ses sujets criminels, et de la liste des dots accordées à un petit nombre de jeunes filles, élues sur un nombre d'aspirantes beaucoup plus grand.

» Voici comment on procède à cette dernière opération : Les noms de tous les candidats féminins sont jetés dans un tonneau revêtu d'une étoffe verte, livrée de l'espérance ; on fait de ces futurs mariages une loterie pareille à celle des oublies ou des plaisirs qu'on vend à nos fêtes de village ; cela s'appelle en italien *tombola*, mot qui signifie, dans sa primitive acception, *culbute*. Le commis du sénat, en robe traînante, vêtu de jaune, de blanc et de rouge comme un valet de carreau, agite et ballotte la matière éligible ; et l'intendant de Messine tire de l'urne conjugale un nom aussitôt proclamé. Tout ceci se passe dans la sonore cathédrale ; une musique assez médiocre, à orgue et à grand orchestre, accompagne bruyamment cette sainte loterie, et j'ai cru reconnaître dans les accords qui retentissaient sous les voûtes sacrées, le duo du Barbier de Séville : *Dunque io son la fortunata*, harmonie parfaitement appropriée à la circonstance.

» La musique militaire, un peu meilleure, a suivi dans l'église un nombreux état-major qu'augmentent encore les aumôniers des régiments. Ceux-ci portent, avec leurs uniformes brodés, des bas violets comme ceux de nos évêques, privilège accordé par le Pape à l'armée napolitaine.

» La bénédiction commence ; et je vois s'abaisser le dais en damas rouge tendu au-dessus du trône, comme aussi le dais en soie blanche qui protège le siège archiépiscopal ; je demande à mon voisin les raisons de ce préliminaire. « Quand Dieu paraît, me répond-il, il n'y a plus ni archevêque, ni monarque, ni trône, ni dais. Devant le Roi des rois s'évanouit toute puissance. »

De curieux souvenirs et anecdotes rattachent aussi Messine à l'histoire des Croisades. Les rois de France et d'Angleterre, Philippe-Auguste et Richard Cœur de Lion, passèrent un hiver dans ses murs en compagnie de leurs féaux et alliés, et ces belliqueux hommes d'armes n'eurent d'autres soucis que de se divertir et de se quereller. Un jour, ils arrêtent dans les rues un convoi d'ânes chargés de longues cannes, et, munis de ces cannes, ils improvisent un tournoi. Richard lui-même descend dans la lice et provoque Guillaume de Barres, le plus renommé des chevaliers français. On mit de part et d'autre un tel acharnement que les joutes faillirent devenir sanglantes, et les épées remplacer les bâtons brisés ; quant à Richard, furieux de

ne pouvoir venir à bout de son adversaire, il prit congé de
lui en s'écriant : « Garde-toi de jamais reparaître devant
mes yeux, car, à partir d'aujourd'hui, je serai l'éternel
ennemi de toi et des tiens. »

Dans son *Voyage en Italie*, qui est le livre de che-
vet des nombreux Allemands qui parcourent la Sicile,
Gœthe a longuement décrit l'aspect de Messine et les
mœurs de ses habitants. Le récit de son entrevue avec
le gouverneur est plein d'esprit et d'humour ; on l'admi-
rera toujours comme un tableau de genre magistralement
brossé.

Gœthe a aussi parlé de ces bizarres effets de mirage que
produisent les vapeurs bleues, transparentes, emprisonnées
dans le détroit où se reflètent les contours variés des montagnes :

> *Vernahmst du nichts von Nebelstreifen*
> *Die auf Sicilien küsten schweifen ?*
> *Erhoben zu den Mittellüften*
> *Gespiegelt in besondern duften*
>
> *Ersheint ein seltsames Gesicht ;*
> *Da schwanken Städte hin und wieder*
> *Da steigen Gärten auf und nieder*
> *Wie Bild um Bild des Aether bricht (1).*

---

1. « Ne vous a-t-on jamais parlé de ces nuages amoncelés qui flottent sur les
côtes de la Sicile ? Là vous apparaissent d'étranges visions, oscillant dans la pure

La ville actuelle est assez banale et l'imposant décor de ses quais, où s'alignent en longues files de monumentales constructions, retient seul les regards du touriste, qu'un long voyage en Trinacrie a rendu difficile en fait de sensations d'art.

Quatre voies, le Corso Vittorio Emmanuele, la Via Garibaldi, la Via Cavour et la Via dei Monasteri, s'étagent à peu près parallèlement à la mer. Du port montent vers les quartiers populeux de la haute ville une série de rues escarpées, que les habitants désignent par le vocable significatif de « *Torrente* », torrente Boccetta, torrente Trapani, torrente Portalegni, etc. Sur la crête du plateau et au sommet des forts Castellaccio et Gonzaga, l'on embrasse par-dessus la ville aux toitures grises, prolongée dans la rade par une forêt de mâts, la large trouée bleue du détroit que limitent à l'horizon les cimes sombres des montagnes calabraises.

La cathédrale mérite une visite : c'est une des premières églises construites depuis l'invasion normande. Commencée en 1098, elle fut agrandie et terminée par Roger II. Il est vrai qu'il reste peu de chose de l'édifice primitif; les incendies de 1254 et de 1559, le tremblement de

---

clarté du jour, réfléchies par d'irréelles vapeurs, et s'élevant au-dessus des nappes d'air ambiantes. Tantôt des villes passent et repassent, ou des jardins montent et descendent, suivant que l'image brise une autre image dans la transparence de l'éther. »

(Faust, 2me partie.)

terre de 1783 détruisirent la nef, le campanile, le transept; à la fin du seizième siècle, on avait jugé bon de moderniser l'intérieur, d'arrondir les arceaux, d'enduire les murailles de stuc. Les restaurations exécutées en 1865 ont reconstitué heureusement le chœur et les deux tours.

Deux belles statues de saint Jean-Baptiste et du CHRIST, attribuées à Gagini; les stalles sculptées du chœur, dessinées par Giorgio Veneziano; le maître-autel, trop pompeusement orné; les mosaïques de l'abside; les sarcophages princiers; le petit autel Renaissance situé à gauche du transept : tels sont les principaux éléments décoratifs du dôme, que supportent de majestueuses colonnes granitiques couronnées de chapiteaux byzantins.

Arrêtez-vous un instant devant l'étroite façade de *La Cattolica*, entrez dans le Musée pour y admirer le CHRIST à Emmaüs de Caravaggio, examinez la collection d'Histoire naturelle du palais de l'Université, gravissez les marches qui conduisent à l'église San Gregorio, et, tranquillement assis dans la voiture de place qui, au tarif de o fr. 50 la course, vous permet d'explorer facilement la basse ville, voyez défiler sous vos yeux la Piazza dell'Annunziata avec la statue de don Juan d'Autriche, la Via Garibaldi, une des rares artères rectilignes de la cité que flanque le massif palais municipal, et le Corso Vittorio Emmanuele qu'orne la fontaine neptunienne à laquelle sont attachés les deux monstres si redoutés des anciens : Charybde et Scylla.

Mais la nuit vient : nous voici de nouveau sur les quais ; la mer est calme ; la légère brise qui souffle de l'Orient ne parvient même pas à rider sa surface azurée. Un petit vapeur est sous pression ; le pont est sale, encombré d'indigènes à l'aspect sordide. Je subis cependant cette attraction singulière qu'exercent, sur tous ceux qui ont quelque peu navigué, les navires en partance ; et, retournant à l'hôtel Bellevue pour boucler ma valise, je me décide à m'embarquer pour les îles Éoliennes.

III

L A nuit est parfumée par les orangers fleuris qui tapissent les collines ; les feux s'allument sur la côte italienne et semblent la jalonner ; une lueur rouge apparaît à la pointe de Santa Agata, glisse doucement le long des falaises et disparaît au milieu de la ville de Reggio, qui semble illuminée : c'est un train attardé qui arrive à destination.

Accoudé à l'arrière, je contemple le féerique tableau qui se déroule sous mes yeux, pendant que le vieux paquebot, trépidant sous l'action de la machine, trace dans le détroit son sillage argenté.

Je l'ai déjà traversé par deux fois, ce *fretum siculum*. J'étais allé en Indo-Chine, sur un transport de l'État qui conduisait, jusqu'à la baie d'Ha-Long, les cadres d'un régiment de tirailleurs. Tout le monde était joyeux à bord ; on quittait gaiement la vieille Europe, en quête de combats et d'aventures. Et quand,deux ans et demi après, un paquebot affrété ramena en France, par la même route, les détachements rapatriés, bon nombre d'officiers manquaient à l'appel ; parmi les autres, plusieurs revenaient épuisés par la fièvre ou l'anémie, et les rares survivants, épargnés par le climat et les balles des rebelles, avaient égrené dans la brousse des montagnes ou sur les digues des rizières la plupart de leurs illusions.

Le détroit de Messine s'infléchit sensiblement vers le nord en débouchant dans la mer Tyrrhénienne : sa section la plus étroite (3 kilom. environ) est comprise entre la pointe de Faro et le petit village de Cannitello. En face du cap, est l'écueil de Charybde, et, sur l'autre rive, une falaise de gneiss, haute de cent mètres, cache la petite ville de Scylla.

Ce nom de Scylla évoque le souvenir de la terrible année 1783. Le 5 février de cette année, l'on entendit un grondement souterrain, précurseur du tremblement de terre qui bouleversa Messine et la Calabre. C'est le 28 mars que se produisit le plus terrible craquement subterrestre. La trépidation prolongée fut effrayante, les rivières tarirent, des plaines se transformèrent en lacs, des villes entières

Les rochers de Scylla.

devinrent des amas de décombres. Les habitants de Scylla, réunis sur la plage, étaient sur le point de s'embarquer, quand une partie du mont Bacci s'effondra dans la mer, et la malheureuse flottille fut engloutie par le refoulement seul des vagues.

« L'atmosphère était obscure et bitumineuse ; des nuages épais planaient lentement sur la ville ; les oiseaux rasaient le sol vacillant, et semblaient égarés dans leur route ; un sourd et long mugissement sortait des entrailles de la terre ; les puits bouillonnaient ; des moufettes délétères s'élevaient d'anciennes crevasses ; enfin chaque instant voyait s'écrouler successivement un palais, la voûte d'une église, des clochers, des magasins, des hôpitaux encombrés de mourants.

» Rien ne saurait rendre la consternation de cette ville : le craquement de ses édifices, les cris des mourants, l'épouvante du lendemain ! un orage affreux, une mer démontée, quittant ses limites et inondant les rues voisines du port ; de plus, un violent incendie qui dura sept jours, et une bande de brigands égorgeant ceux qui avaient échappé au désastre !

» Des faits surprenants furent observés : les chiens se réunirent en poussant des hurlements affreux, et, comme tant d'autres mystères de la nature, cette particularité demeura inexpliquée.

» Une chose digne de remarque, c'est que, pendant ce

désastre, le mont Etna demeura dans l'état de la plus parfaite tranquillité, tandis que l'éruption du mont Hécla de la même année fut épouvantable (1). »

Est-il besoin de dire qu'aujourd'hui les parages de Charybde et Scylla n'offrent aucun danger à la navigation ? Les marins notent cependant, à l'issue du détroit, deux courants alternatifs, la *rema montante* et la *rema scendente*, mais leur vitesse est relativement minime. Les modifications de la croûte terrestre occasionnées par les éruptions de ces régions volcaniques, et l'élargissement du détroit par l'action constante des eaux, ont évidemment supprimé les tourbillons et les écueils qui frappaient de terreur les héros chantés par Homère et Virgile.

Quand le soleil se lève, nous sommes en vue des îles Éoliennes, « petits volcans nés à l'ombre de l'Etna, » suivant l'expression d'Élisée Reclus. Bien que séparées de la Sicile par une large fosse profonde de 600 mètres, elles appartiennent, en effet, à la même formation géologique et à un même foyer sous-marin « ayant crevassé en trois fissures étoilées » le fond de la Méditerranée.

Lipari, l'ancienne *Meligunis*, la plus grande île de l'archipel, est la plus peuplée et la seule fertile ; une ville d'environ 10,000 âmes s'élève en amphitéâtre sur les deux

1. Le comte de Forbin, *Souvenirs de Sicile*. — Paris, 1843.

versants du promontoire basaltique, que surmontent les ruines d'un vieux château. Bien peu d'étrangers viennent visiter ses rues pittoresques et gravir les montagnes arides qui l'environnent. Il est vrai que les habitants n'ont pas un désir immodéré d'attirer les touristes et ne leur facilitent guère l'accès de leur retraite.

Le guide Baedeker vous prévient heureusement que le vapeur qui fait le service de Messine aux Iles n'a nul souci de l'estomac des passagers *(no refreshments on board)*, et en négligeant d'emporter quelques provisions vous risque-riez fort de mourir de faim si un accident de machine venait prolonger la durée normale de la traversée. A Lipari, une seule auberge d'aspect modeste et de propreté douteuse. Dans la plaine, au pied du mont San Angelo, se trou-vaient autrefois des bains possédant de véritables propriétés curatives, mais l'évêque Todaro, craignant l'invasion d'une armée de baigneurs et de malades, fit murer les sources qui les alimentaient.

On trouve encore dans la vallée de San Calogero des eaux sulfureuses qui ont une température de cent degrés, et vers le nord on aperçoit une colline bizarre, le monte Bianco, qu'on dirait couverte de gros flocons neigeux et qui est en réalité constituée par des amas de pierres ponces.

Lipari devrait être l'Éden des géologues ; des coulées volcaniques ont enduit les ravins de couches variées, caractérisant les principales époques de la formation globale ; un mamelon tout entier est composé d'obsidienne, mais les voyageurs qui relèguent au second plan les observations scientifiques, abandonneront vite la grande île cultivée et sa ville relativement civilisée, pour aller visiter les foyers volcaniques du Stromboli et de Volcano.

Les anciens considéraient Stromboli *(Strongyle)* comme le séjour d'Éole, dieu des vents. Les flammes, les nuages de fumée qui s'échappaient de ses flancs, fournissaient aux marins des indications sur les vents régnants dans ces parages, et Pline prétend qu'on pouvait en induire, trois jours à l'avance, le temps qu'il ferait. C'est un des rares volcans du monde qui soient toujours en activité. Du vaste cratère montent des bouffées de vapeur soufrée ; en approchant du gouffre du côté opposé au vent, on voit les laves, ondulant comme des vagues bitumineuses, former par endroits de grosses ampoules qui se gonflent lentement et éclatent avec un crépitement sourd. Les pierres projetées produisent, en retombant dans le cône, un sifflement sinistre.

Quand les Croisés rangèrent le volcan en regagnant les côtes de France, ils crurent entendre, dans les abîmes de feu, des gémissements humains ; et, au retour, ils demandèrent aux moines de Cluny des prières pour les âmes du Purgatoire.

Volcano, au sud de Lipari, dont il est séparé par un

détroit large d'à peine un kilomètre, n'est plus un volcan mais une usine. Un Anglais industrieux s'est construit une demeure sur son sol brûlé ; il a apprivoisé le monstre à la gueule enflammée dont les grondements sont aussi menaçants qu'inoffensifs, et il exploite les résidus, les scories, les acides, les composés et les mélanges sulfureux : en un mot tout ce qu'il vomit.

Guy de Maupassant, qui approcha du cratère il y a cinq ans, l'a merveilleusement décrit, et je lui cède volontiers la plume : « On descend le long des parois de cet abîme, et on se promène jusqu'au bord des bouches furieuses du volcan. Tout est jaune autour de moi, sous mes pieds et sur moi, d'un jaune aveuglant, d'un jaune affolant. Tout est jaune : le sol, les hautes murailles et le ciel lui-même. Le soleil jaune verse dans ce gouffre mugissant sa lumière ardente que la chaleur de cette cuve rend douloureuse comme une brûlure. Et l'on voit bouillir le liquide jaune qui coule, on voit fleurir d'étranges cristaux, mousser des acides éclatants au bord des lèvres rouges des foyers (1). »

Non loin de cette île étrange, où la patiente industrie du propriétaire a réussi à faire pousser quelques arbres, se trouve Salina, qui produit le vin sirupeux et sulfureux de Malvoisie, aujourd'hui peu recherché des gourmets.

Avant de quitter l'archipel, je contourne sur une barque

---

1. *La Vie errante*, Paris, Ollendorff.

de pêche le petit groupe de Panaria. Strabon rapporte qu'on voyait souvent dans ces parages des flammes semblables à des feux follets courant à la crête des vagues. Peut-être y avait-il là des récifs volcaniques à fleur d'eau, en activité éruptive. Dolomien et Spallanzini estiment qu'à une époque ultérieure une île volcanique, fort étendue, occupait l'emplacement circulaire dont les îlots dessinent un arc. Cette île s'est effondrée partiellement à la suite d'une secousse terrestre ; quelques bouillonnements et le suintement dans les roches de sources chaudes, dénotent seuls aujourd'hui l'existence de ce volcan noyé dans la mer Tyrrhénienne.

Chapitre Huitième.

LE PAYS ET LES HABITANTS.

Mœurs et coutumes. — La société de Palerme. — Le brigandage. — Une histoire de brigands. — La Mafia. — Les « Fasci dei Lavoratori ». — Les productions. — L'agriculture. — L'industrie. — Les mines de soufre. — Le sel gemme. — Le mouvement maritime.

S'IL existe une architecture sicilienne, résultante des architectures arabe, normande et byzantine, il existe également une race sicilienne, mélange absolument fixé des divers peuples qui ont tour à tour habité et conquis l'île.

Au physique, les traits accentués, le nez charnu, particulièrement chez les femmes ; le teint olivâtre, les cheveux noirs, parfois crépus ; le front un peu fuyant et la tête pointue des Arabes ; le regard sombre et perçant des Espagnols, les extrémités délicates, la démarche majestueuse des Orientaux. Au moral, des qualités réelles, de l'activité, de la persévérance — surtout dans la province de Catane, où l'on dispute à l'Etna le sol qu'il dévore si souvent de ses laves, — mais aussi cette imprévoyance qui est la marque des peuples sobres vivant sur une terre riche; un esprit frondeur, prompt à la révolte; une fierté qui contraste avec la mendiante obséquiosité de l'Italie du Sud : tels sont les traits caractéristiques du peuple sicilien.

Le timbre de voix des indigènes, les sons aigus et bizarres qui paraissent sortir par le nez des profondeurs de la gorge, ressemblent fort aux intonations des Arabes et des Orientaux; et la chanson traînante et douce, aux modulations répétées en mineur, que lancent aux étoiles les *bonacchini* de Castellamare, m'a rappelé les conceptions musicales des primitifs de toutes les latitudes, Bretons de Douarnenez, Somalis d'Obock ou Annamites du Tonkin.

Malgré la fusion des éléments ethniques, la prépondérance de certaines races transparaît dans la population actuelle. L'élément arabe domine chez les habitants de Palerme; les Cataniens ont conservé très pur le type hellénique; à San Fratello, à Nicosia, vivent encore des descendants des Lombards venus de Bénévent, restés fidèles à leur vieil idiome; aux environs de Trapani et de San Giuliano, on admire la régularité des traits et la physionomie expressive des femmes; enfin les Albanais, qualifiés de *Greci* dans le langage populaire, forment des groupes distincts dans plusieurs villes de l'intérieur et observent encore, notamment à *Piana dei Greci*, presque aux portes de la capitale, des rites religieux qui remontent à la plus haute antiquité.

Les vieilles coutumes sont rigoureusement observées dans les campagnes et même dans la plupart des villes ; la femme est domestiquée et les traditions ne lui reconnaissent qu'un droit : la *Vendetta*, quand elle a lieu de se plaindre d'un mari ou d'un fiancé.

La Vendetta est d'ailleurs presque une institution légale ; elle est formellement prescrite par l'*Omertà* (code des gens de cœur). Dans les basses classes, ces idées sauvages de justice se mêlent à la foi religieuse, à des pratiques de superstition et à des doctrines révolutionnaires.

Les Grecs et les Romains ont laissé en l'âme populaire des traditions dont il est aisé de retrouver les vestiges. Conseil est donné de ne pas se marier dans le courant du mois de mai. Depuis l'ère chrétienne, le vendredi n'est pas le seul jour néfaste ; on y a ajouté le mardi, car c'est un mardi que Judas, le père des traîtres et des délateurs, est né.

Écoutez le proverbe :

Nè di vennari nè di marti
Nun si spusa, nè si parti (1).

---

1.   Ni le vendredi, ni le mardi,
     Il ne faut se marier ou partir en voyage.

Et l'imprécation, cette conjuration solennelle qui doit attirer tout un cortège d'infortunes sur la tête de l'ennemi, est encore pratiquée sur le sol trinacrien. « Ce sont les femmes qui, d'habitude, maudissent ainsi. Elles dénouent leurs cheveux, se jettent à genoux, frappent trois fois le sol et trois fois leurs genoux, baisent trois fois la terre. Alors elles commencent à appeler sur la tête de celui ou de celle qui les a offensées toutes les fureurs du Ciel. Elles énumèrent les maux qu'elles souhaitent à leur ennemi, en les criant à sa face : Brûlée soit ton âme ! — Foudroyé ! — Tué à coups de couteau ! — Empoisonné ! — Mort subite ! — Peste noire ! — Naufragé ! — Trahi par ses fils ! (1) »

Heureusement, la personne ainsi menacée peut se défendre contre ces fatales imprécations. Elle dit à trois reprises : Eau et sel ! eau et sel ! eau et sel ! elle crache trois fois en l'air, et cette formalité suffit à écarter tout péril.

A Catane, jusqu'à la fin du XVIIIe siècle, subsista la coutume de colorier le visage des femmes mortes. Il fallut un synode diocésain et les ordres formels de l'autorité religieuse pour abolir cet usage. Et encore aujourd'hui, s'il faut en croire un antiquaire palermitain, dans certaines familles on expose les morts assis

---

1. *Sicile, Croquis italiens*, par René Bazin. — Paris, Calmann-Levy, 1892, p. 139.

dans un fauteuil, la tête fixée au mur et tournée vers la porte.

C'est à Palerme que se concentre la vie mondaine de la Sicile ; et, durant tout l'hiver, les fêtes, les bals, se succèdent sans interruption. Deux sociétés très distinctes s'y coudoient sans se mêler : la haute bourgeoisie et l'aristocratie. La noblesse est nombreuse à Palerme, et l'on s'étonne de voir tant de couronnes fermées sur les panneaux des voitures et les écussons des *Palazzi*. Les étrangers sont cordialement accueillis dans le monde des princes et marquis siciliens, mais la plus vieille bourgeoisie du pays n'y pénètre qu'après un long stage et quand elle a contracté des alliances avec des familles nobles. C'est ainsi que les plus riches armateurs du pays, les Florio, n'ont eu leurs grandes entrées dans ce cercle recherché que lorsqu'une de leurs filles devint la princesse Trebia. Les Bourbons comptent encore beaucoup de fidèles dans la noblesse sicilienne, mais malheureusement cette noblesse, partiellement ruinée, semble dénuée de toute activité politique ; elle se désintéresse des affaires locales et ne combat que d'une façon toute platonique le gouvernement qui a transformé la Sicile en province italienne. Sous les auspices de l'archevêché de Palerme, se publie un vaillant petit journal quotidien : *La Sicilia cattolica*, qui défend avec talent et vigueur les intérêts religieux du pays.

Les Siciliens — qui n'ont pas ou qui ont peu de routes carrossables — affectionnent le luxe des chevaux; et il est curieux de voir, un jour de bataille de fleurs ou de courses, défiler les équipages dans la Via Macqueda et sur la promenade de la Favorita. J'ai compté jusqu'à quatorze *mail-coachs* et *four-in-hands*, dont une voiture à la Daumont ayant très grand air avec deux postillons poudrés galopant aux portières. A la Marche et à Ascot, on voit rarement une telle profusion d'attelages à quatre.

Dans les basses classes, on aime aussi les équipages et l'équitation, mais l'on se contente de mules et d'ânes dont quelques-uns sont absolument minuscules. On les affuble de pompons; on pique sur la sellette des plumes de coq, et les paysans manifestent leurs goûts artistiques en faisant peindre sur les caisses en bois de leurs petites voitures des scènes historiques et héroïques rappelant les gestes des Croisés ou les batailles du premier Empire.

Comme l'a dit justement M. René Bazin, elles sont tout un poème, ces charrettes de paysans. « Elles en disent plus long sur le peuple de Sicile que vingt livres feuilletés. Elles portent l'empreinte saisissante de ses mœurs, de ses traditions, de sa poésie, et je puis ajouter, sans le moindre sourire, qu'elles constituent un document des plus précieux pour qui veut pénétrer l'âme de la Sicile.

» Elles sont d'abord fort jolies et du même modèle dans toute l'île : assez haut montées, larges et longues à peu près comme une carriole anglaise, peintes uniformément en jaune, en jaune serin très vif, avec des filets rouges et des mouchetures vertes. En-dessous, au lieu de la barre de fer toute nue reliant les deux roues et portant l'édifice, l'esprit artiste de la Sicile a mis une frise de bois et de fer découpés, peinte des mêmes couleurs et représentant des fleurs, des oiseaux (1). »

Sur la caisse, sur chaque panneau, les peintres de *Carette* qui, tout comme les conteurs, les *Contastorie*, forment une importante corporation, ont brossé des scènes historiques, des légendes, des sujets fantaisistes enfantés par leur imagination et par ces traditions de chevalerie si étrangement conservées dans la mémoire populaire. Les rois normands et surtout Roger emplissent les chars de leurs prouesses héroïques. Parfois les conceptions deviennent plus modernes et l'on voit la Retraite de Russie, les Adieux de Napoléon à Fontainebleau, le Débarquement des Mille à Marsala, le Bombardement de Messine. Tout cela est peint à gros traits, comme des affiches murales, et les types conventionnels se retrouvent partout les mêmes. La perspective fait souvent défaut, mais une certaine harmonie subsiste malgré la crudité des couleurs.

1. *Sicile, Croquis italiens*, p. 166.

Si les habitants de Palerme et des villes siciliennes ont des notions assez précises de mythologie, d'histoire grecque et de *paladiniere* du moyen âge, leur instruction primaire, telle qu'on la conçoit dans les pays du nord de l'Europe, est encore fort peu répandue ; un sixième à peine des habitants sait lire et écrire, et il est fort amusant d'observer, aux abords des bureaux de poste, des tribunaux, des administrations, les écrivains publics installés sur de petites tables, affairés au milieu des groupes qui les assiègent et rédigeant, avec la mine importante de gens qui se savent indispensables, les lettres et les requêtes.

On aime peu les Français dans la classe populaire ; j'ai lu dans un guide officiel de Palerme et de l'Exposition que l'église des Vêpres Siciliennes est « *il più glorioso monumento* » de la cité ; et un personnage influent du corps diplomatique m'a affirmé que si une division navale était venue en 1892 — comme il en fut sérieusement question — saluer le roi Humbert à son passage à Palerme, des rixes se seraient inévitablement produites entre nos marins et la plèbe des quartiers du port.

II

LE brigandage sicilien est demeuré légendaire ; pendant de longues années, il tint en échec l'administration et la police. C'est seulement il y a quelques années que le fameux Leone, qui tenait la campagne aux environs de Palerme et avait mis réellement la cité en état de blocus, fut tué après avoir livré aux carabiniers royaux une véritable bataille.

Le général Palavicini eut la gloire de pacifier le district et de disperser les dernières bandes armées. Le brigandage, qui était une forme de mécontentement, a pendant quelque temps disparu comme institution, et la fameuse agence établie à Naples pour délivrer aux touristes des tickets d'assurance contre les agressions des Fra Diavolos insulaires, n'existe plus que dans l'imagination féconde des romanciers. Mais le pays des grottes, des montagnes sauvages et des côtes abruptes, est admirablement aménagé pour servir de retraite aux gens qui sont en délicatesse avec les carabiniers ; et les criminels, les malfaiteurs, les héros d'une sanglante Vendetta s'y réfugient comme font les Corses dans le maquis.

La police avait d'ailleurs quelques raisons de demeurer

soupçonneuse ; l'histoire suivante, transcrite par Guy de Maupassant dans *la Vie errante*, établit qu'elle exagéra parfois la méfiance.

« Un entomologiste distingué de Palerme, M. Ragusa, avait découvert un coléoptère qui fut longtemps confondu avec le *Polyphylla Olivieri*. Or, un savant allemand, M. Kraatz, reconnaissant qu'il appartenait à une espèce bien distincte, désira en posséder quelques spécimens et écrivit à un de ses amis de Sicile, M. di Stephani, qui s'adressa à son tour à M. Giuseppe Miraglia, pour le prier de lui capturer quelques-uns de ces insectes. Mais ils avaient disparu de la côte. Juste à ce moment, M. Lombardo Martorana, de Trapani, annonça à M. di Stephani qu'il venait de saisir plus de cinquante poly-phylla.

» M. di Stephani s'empressa de prévenir M. Miraglia par la lettre suivante :

« Mon cher Joseph,

» Le *Polyphylla Olivieri*, ayant eu connaissance de
» tes intentions meurtrières, a pris une autre route, et il
» est allé se réfugier sur la côte de Trapani, où mon
» ami Lombardo en a déjà capturé plus de cinquante indi-
» vidus. »

» Ici l'aventure prend des allures tragi-comiques d'une invraisemblance épique.

» A cette époque, les environs de Trapani étaient parcourus, paraît-il, par un brigand nommé Lombardo.

» Or, M. Miraglia jeta au panier la lettre de son ami. Le domestique vida le panier dans la rue ; puis le ramasseur d'ordures passa et porta dans la plaine ce qu'il avait recueilli. Un paysan, voyant dans la campagne un beau papier bleu à peine froissé, le ramassa et le mit dans sa poche par précaution, ou par un besoin instinctif de lucre.

» Plusieurs mois se passèrent, puis, cet homme, ayant été appelé à la questure, laissa glisser cette lettre à terre. Un gendarme la saisit et la présenta au juge, qui tomba en arrêt sur les mots : *intentions meurtrières, pris une autre route, réfugiés, capturés, Lombardo*. Le paysan fut emprisonné, interrogé, mis au secret. Il n'avoua rien. On le garda et une enquête sévère fut ouverte. Les magistrats publièrent la lettre suspecte, mais, comme ils avaient lu « Petronilla Olivieri » au lieu de « Polyphylla », les entomologistes ne s'émurent pas.

» Enfin on finit par déchiffrer la signature de M. di Stephani, qui fut appelé au tribunal. Ses explications ne furent pas admises. M. Miraglia, cité à son tour, finit par éclairer le mystère.

» Le paysan était demeuré trois mois en prison.

» Un des derniers brigands siciliens fut donc, en vérité, une espèce de hanneton connu par les hommes de science sous le nom de *Polyphylla Ragusa.* »

Mais, n'en déplaise au spirituel écrivain, la race des Leone n'a pas entièrement disparu. L'aventure toute récente arrivée aux frères Pulvirenti, de Catane, le démontre surabondamment. Le chef de la bande, le fameux Abate, est bien tombé aux mains de la police, mais il laisse, lui aussi, des héritiers qui donneront fort à faire aux carabiniers royaux.

La *Mafia* est une organisation plus intéressante et autrement dangereuse que le brigandage ; elle s'épanouit en Trinacrie comme la *Camorra* et la *Mala Vita* dans les Pouilles et les Calabres. Un écrivain allemand qui connaît bien la Sicile, M. Schneegans, a donné de ces associations mystérieuses une définition un peu savante, qui me paraît très juste : « La Mafia est une société secrète qui, ayant usurpé dans les diverses fonctions de la vie publique ou privée un pouvoir illégal, se sert de son influence dans l'intérêt de ses membres et exerce son action par tous les moyens permis ou non permis. »

Du temps où les brigands occupaient de véritables forteresses en divers points du pays et séquestraient les voyageurs, la Mafia intervenait souvent entre dévaliseurs et dévalisés. Elle demandait aux premiers une réduction dans le chiffre des rançons, offrait aux seconds ses bons offices, et recevait en échange de ses services une double commission. Son rôle est un peu différent aujourd'hui, mais le but est toujours le même : assurer de larges moyens d'existence à des gens qui n'ont pas la moindre envie de travailler. Voici comment les choses se passent d'ordinaire : un négociant, pour une raison quelconque, veut céder son fonds de commerce ; il en demande 50,000 francs. La Mafia a connaissance de ses intentions et offre de s'occuper de l'affaire. Tous les associés, transformés en courtiers d'annonces, se mettent en campagne; ils vont voir les personnes susceptibles d'acheter le fonds, sont partout bien reçus — car on les redoute — vantent les avantages de l'opération, et finissent par trouver un amateur qui devient acquéreur du magasin pour 55,000 francs. Outre les 5,000 francs de bénéfice, la Mafia réclame 2,000 francs de prime au négociant dont elle a pris en mains les intérêts, et tout le monde est content. Mais où les choses se gâtent, c'est quand un acquéreur se présente spontanément et offre un prix avantageux au vendeur. Celui-ci n'ose se brouiller avec la puissante association, et l'amateur intrus se voit exposé à des menaces, bientôt suivies de commencements d'exécution qui ont pour effet certain de lui faire abandonner ses projets.

La Mafia s'occupe de tout et s'intéresse à tout. Elle prend parti dans les élections et traite avec les candidats ;

elle joue aussi un rôle dans les questions sentimentales, et c'est quelquefois sa toute-puissante intervention qui oblige un père à consentir au mariage de sa fille, ou un « promis » peu scrupuleux à tenir la parole donnée à sa promise.

Le major d'un bataillon qui tenait garnison dans une ville sicilienne fut, un beau matin, tout étonné d'apprendre que les soldats sous ses ordres, proposés pour caporaux, refusaient d'accepter leurs galons. Il les interrogea séparément pour connaître les raisons de cette conduite ; tous refusèrent de répondre, et rien ne put les faire sortir de leur mutisme pendant le mois de prison qui leur fut infligé. Enfin l'on apprit, par des lettres anonymes, que les élèves caporaux étaient affiliés à la Mafia, et que le Conseil de la puissante société leur avait interdit l'acceptation de tout grade dans l'armée, afin qu'une hiérarchie nouvelle ne vînt pas se superposer à la sienne dans la subordination de ses membres. Et c'est ainsi qu'un bataillon de l'armée active fut quelque temps privé de caporaux, parce que l'autorité militaire avait négligé de s'entendre avec la Mafia avant de procéder aux nominations !

La justice criminelle, en Sicile, vient se heurter à des obstacles tels, que la répression est presque impossible quand la Mafia est en jeu. En vertu de l'*Omertà* (code des gens de cœur), il est absolument interdit de dénoncer un coupable et de renseigner les juges instructeurs sur les événements auxquels on a été mêlé.

Le proverbe : « La vérité se dit au confesseur, » est rigoureusement appliqué, et les témoins refusent systématiquement de parler devant les tribunaux.

L'affaire Notarbatolo di Villarosa, qui remonte à trois ou quatre ans, est édifiante à cet égard.

Un jeune officier en garnison à Palerme, Giovanni Leone, s'était épris d'une jeune fille, Catherine de Villarosa, et voulait l'épouser. Les frères de Catherine, trouvant le lieutenant trop pauvre, s'opposèrent au mariage, et, comme Leone persistait dans son affection et dans ses projets, ils l'attirèrent dans le jardin de leur maison et le tuèrent d'une balle de revolver.

La cour d'assises de Palerme fut saisie de l'affaire, mais les faux témoignages parurent si manifestes qu'on jugea nécessaire d'appeler la cause devant un autre jury.

Au bout d'une vingtaine d'audiences, l'on était moins avancé qu'au début. Les dépositions se contredisaient, les récits des déposants devenaient de plus en plus étranges, et les rétractations s'ajoutaient aux incohérences. Un témoin affirme, sous serment, qu'il ne connaît pas son ami intime, lequel est, par surcroît, le parrain d'un de ses enfants. Enfin, des lettres anonymes informent le président que sept des douze jurés sont achetés par les accusés et voteront leur acquittement. Une enquête est faite à ce sujet ; par extraordinaire, elle aboutit, et la preuve est faite que chaque juré a reçu par la poste la moitié d'un billet de mille *lire ;* la seconde moitié lui sera remise après le prononcé du jugement.

C'est à Naples qu'eurent lieu les derniers débats ; je conçois l'intérêt qu'ils soulevèrent dans toute la Péninsule, car ils furent vraiment édifiants. Le père de l'officier assassiné révéla les efforts et la diplomatie déployés par la « Mafia en gants jaunes » pour étouffer l'affaire. Un Sicilien de bonne famille, interrogé par le président, trouva que le guet-apens suivi d'assassinat était une chose toute simple : « Un Monsieur prétend à la main de votre sœur, vous lui défendez de franchir le seuil de la maison, il enfreint l'ordre... eh bien, il est tué. »

Les jurés napolitains, impressionnés par les déclarations et les fières professions de foi des Siciliens, se montrèrent pleins d'indulgence. L'un des Villarosa fut acquitté, et l'autre, Francesco, fut condamné à cinq ans de prison pour « meurtre accidentel survenu au cours d'une rixe (1). »

Enfin la police italienne ne renonce pas à la lutte contre la Mafia, mais c'est sans grande espérance de succès qu'elle se mesure avec les Associations secrètes. Pendant l'hiver de 1892, on arrêta à Tarente, de l'autre côté du détroit de

---

1. *La Sicile, Croquis italiens*, par René Bazin.

Messine, 130 affiliés de la *Mala Vita*. Quelques semaines plus tard, les groupes étaient reconstitués, plus vivaces et plus nombreux.

Un fléau nouveau est venu récemment se greffer sur ceux préexistants : le brigandage et la Mafia. Je veux parler de la formidable création des *Fasci dei Lavoratori* (faisceaux de travailleurs). Crispi avait lancé la Sicile dans la voie du radicalisme ; un révolutionnaire bien connu à Rome, Amilcare Cipriani, et un politicien de Palerme, Napoleone Colajanni, député et directeur de l'*Isola*, l'ont entraînée jusqu'au socialisme le plus avancé.

Le terrain était d'ailleurs bien préparé. La rupture des traités avec la France et la politique protectionniste suivie au Montecitorio ont ruiné le commerce de la Sicile. L'exposition de Palerme, tenue de novembre 1891 à mai 1892, a chatouillé agréablement l'orgueil des insulaires, mais sans leur rendre, même pendant quelques mois, un peu de prospérité. On ne trouve plus de débouchés pour les vins ; le cabotage, qui faisait vivre une partie des populations côtières, est en pleine décadence. Plus de dix mille hommes émigrent annuellement aux États-Unis et dans l'Amérique du Sud.

Et c'est pourquoi un vent de désaffection et de révolte souffle aux trois coins de la Sicile. Dans les campagnes, encore attachées aux idées religieuses, l'on regrette le temps où les impôts étaient modiques et l'on se souvient — tardivement — du régime paternel des Bourbons. Dans les centres ouvriers, l'on attend d'une révolution sociale le remède à une situation désespérée. L'agitation règne partout, aussi bien dans les agglomérations agricoles que dans la région des solfatares. Les vieux instincts d'indépendance se sont réveillés sous l'aiguillon de la misère, et c'est une véritable révolution qui couve dans la grande île que domine l'Etna.

En Sicile, la main-d'œuvre n'est guère plus rétribuée qu'en Chine, et les chefs d'industrie exploitent odieusement leurs malheureux ouvriers. Ceux-ci, trop pauvres pour se mettre en grève, se sont constitués en sociétés secrètes, s'organisant patiemment, choisissant des chefs résolus, se procurant des armes. Aujourd'hui, ils se sentent assez forts pour jeter bas les masques et braver le gouvernement. Trois cent mille hommes sont enrégimentés sous leur bannière. Tous les groupes n'ont évidemment pas des aspirations identiques, mais ils se conformeront avec discipline aux mots d'ordre donnés, et il est manifeste que les meneurs des *Fasci dei Lavoratori* sont socialistes et internationalistes. Ils veulent pratiquer les doctrines de Karl Max, « socialiser, » mettre en collectivité les moyens de production : le sol, les mines. Tout dernièrement, M. Colojanni inaugurait à Castrogiovanni une nouvelle branche de l'association, et l'on pouvait lire, sur les murs de la salle, une affiche proclamant les tendances des ouvriers : « Prolétaires de tous les pays, unissez-vous ! Vive Karl Max ! Vive le socialisme international ! » Quelques jours plus tard, le Congrès des mineurs réuni à Grotte votait une déclaration socialiste et préconisait la substitution de la propriété collective à la propriété individuelle.

Ces manifestations, qui s'étendent comme une tache noire sur toute la superficie de l'île, sont souvent accompagnées de violences. Des bandes parcourent les campagnes en criant : « A bas les impôts ! A bas les baïonnettes ! Nous voulons du pain et du travail. » La police est impuissante, et les carabiniers sont reçus à coups de fusil.

Dans la soirée du 10 octobre 1893, les ouvriers de Syracuse ont voulu exiger du préfet l'annulation des rôles relatifs à la taxe *di esercizio e rivendita*. Les autorités ayant tergiversé et promis simplement d'en proroger l'exécution, une émeute terrible éclata dans la ville et le palais municipal fut saccagé aux cris de : « A bas Giolitti ! »

Le ministère a commencé par dépêcher en Sicile le chef de la Sûreté générale, le commandeur Sensales, pour faire une enquête sur l'état du pays. Celui-ci songea d'abord à dissoudre les *Fasci*, mais le socialiste Garibaldi Bosco lui répondit : « Les ouvriers siciliens resteront fidèles aux

Fasci dei Lavoratori, que vous voulez dissoudre par la violence, car ces *Fasci* ont un but et un programme déterminés qui leur sont imposés par la marche des événements, et aucune puissance sur la terre ne les empêchera de lutter jusqu'à leur dernier souffle pour atteindre ce but. »

Devant cette attitude menaçante, le gouvernement a hésité à tenter cette dissolution en masse des associations ouvrières ; il s'est contenté de renforcer les troupes qui tiennent garnison dans l'île et d'attendre les événements.

Dans le désarroi parlementaire causé par les soucis financiers et les affaires de Sicile, quelques députés songèrent à replacer M. Crispi à la tête du gouvernement. Le célèbre gallophobe fit d'abord la sourde oreille : « Accepter le pouvoir en un pareil moment, a-t-il télégraphié à un journal de Milan, ce serait faire œuvre de fou — *cosa da pazzi.* » Cependant il se ravisa, redevint premier ministre, et envoya une armée de 60.000 hommes pour empêcher le soulèvement général de l'île ; mais il ne sut prendre l'initiative d'aucune réforme, ni résoudre aucune des questions pendantes.

CATON le Censeur avait baptisé la Sicile : *Cella penuria reipublicae ; nutrix plebis romanae.* Hélas ! elle ne justifie plus cette réputation et a cessé d'être le grenier d'abondance de l'Italie ! Le climat est délicieux ; les côtes sont poissonneuses ; la terre est fertile et recèle dans ses flancs d'inépuisables mines de soufre. La flore est merveilleuse : le myrte, le laurier, le chêne, l'olivier, le figuier, l'oranger, le citronnier, le grenadier, les palmiers y poussent vigoureusement ; la vigne, plantée jusque dans les cendres de l'Etna, fournit des vins dont la couleur et l'arome sont infiniment variés, du Misilmesi au Marsala en passant par les crus de Syracuse, de Ripanto et de Catania.

Sur une superficie totale de 16 millions d'hectares, environ 14,500 sont cultivés. L'exportation des *agrumi* (oranges, citrons, etc.) est évaluée à 80 millions de francs. Un oranger peut rapporter de 600 à 700 fruits, et un citronnier de 1000 à 1100. C'est vers l'an mille que les Arabes importèrent les orangers en Sicile ; on en compte sept grandes espèces qui se subdivisent en trois ou quatre cents variétés.

Dans la Conque d'or, les bois de citronniers se louent à

raison de 4,200 fr. l'hectare, et les bois d'orangers 2,800 fr. Les oranges et citrons de qualité inférieure, qui trouveraient difficilement un débouché à l'étranger, sont utilisés pour la fabrication de diverses huiles, d'acide citrique, de citrate de chaux. Ce dernier produit est employé pour l'impression en couleur des étoffes, industrie en plein développement.

Cette culture demande d'ailleurs des soins continus ; car si les vignerons ont à lutter contre les terribles et minuscules ennemis qu'on nomme le phylloxéra et l'oïdium, les possesseurs d'orangers doivent combattre la *gomma*, blessure séveuse, le *nero* ou mal noir, sorte de poussière provenant d'un cryptogame dangereux, et le *pidocchio* (pou), espèce de cochenille qui s'introduit au printemps dans le zeste des fruits (1).

A l'ombre des orangers, des citronniers, des oliviers, au feuillage sombre et métallique, les Siciliens font pousser des légumes, et notamment des tomates qui servent à assaisonner le macaroni, et se gardent pendant l'hiver sous forme de pâte.

Sous l'occupation romaine, les vins trinacriens de Murgantia (Catane) et de Tauromenium (Taormina) étaient déjà célèbres. Aujourd'hui, il n'y a pas moins de quarante espèces de ceps plantés dans l'île. Les crus les plus appré-

---

1. *Naples et la Sicile*, par J. Gourdault, Paris, Hachette.

ciés sont ceux de Marsala, de Zucco (propriété du duc d'Aumale), de Syracuse, d'Alcamo, de Milazzo ; ceux de l'Etna et de la plaine subetnéenne supportent mal le transport, et les viticulteurs ont la fâcheuse habitude de les aromatiser avec des feuilles de groseillers et d'autres substances odorantes.

La Sicile tient un des premiers rangs parmi les pays vignobles de l'Europe, et elle produit à elle seule plus du quart du vin recueilli dans le royaume d'Italie.

Les champs de céréales sont assez mal cultivés; on fume peu le sol, on le laboure trop légèrement, soit à la bêche, soit avec de petites charrues que traîne un bœuf noir à longues cornes, assez semblable aux buffles qui barbotent dans les rizières de l'Indo-Chine. Les Siciliens mangent peu de pain ; les pâtes, le poisson, les figues de cactus, suffisent amplement à leur alimentation ; et, ayant le nécessaire, ils ne songent pas trop à acquérir, au prix d'un travail pénible, le superflu.

Les villes sont trop peuplées pour que les campagnes ne manquent pas un peu de travailleurs. Sur les 120 villes du royaume italien qui comptent plus de 10.000 habitants, le quart, c'est-à-dire trente, sont siciliennes. Les moindres agglomérations ont 5 et 6,000 âmes ; et, pour aller cultiver son champ, un agriculteur doit quelquefois faire vingt kilomètres à dos de mule — ce qui aggrave singulièrement les charges de la culture.

Les pâturages sont rares ; le voyageur s'en aperçoit à la dureté toute particulière de la viande servie dans les hôtels, qui défie les plus solides mâchoires. Pour avoir du bœuf et du veau mangeables, il faut les faire venir de Gênes ou de Livourne.

En faisant l'ascension du mont Pellegrino, on remarque des troupeaux de chèvres et de moutons, des vaches et même des chevaux qui broutent les maigres herbes poussant entre les interstices des rochers ; il paraît que cette prairie de grosses pierres rapporte bon an mal an 25,000 francs.

La pénurie d'eau vive et la rareté des pluies empêcheront toujours la Sicile de devenir un pays d'élevage, mais il est certain qu'avec des perfectionnements d'outillage et de meilleures méthodes de culture, on quadruplerait facilement la production des céréales. Les habitants, écrasés d'impôts par le gouvernement italien, privés de leurs meilleurs débouchés pour les vins, à la suite de la rupture des relations commerciales avec la France et la Suisse, seront peut-être contraints de diriger, de ce côté, tout ce qu'ils ont en puissance d'activité laborieuse.

Une autre ressource leur resterait : l'industrie ; mais elle semble jusqu'à présent accaparée par les étrangers. Les mines de soufre sont presque toutes exploitées par des Allemands, des Anglais et des Suisses ; les plus belles carrières de marbre, les salines sont aussi aux mains des étrangers. C'est à peine si les indigènes, dans leurs modestes manufactures, préparent des pâtes alimentaires, des fruits candis, des soies grèges, de l'amidon, de l'acide citrique, et fabriquent des chaussures, des gants, des lits de cuivre.

C'est dans la région sauvage comprise entre Castrogiovanni (l'ancienne Enna), Cammarata et Girgenti, que se trouve le grand produit minier de la Sicile : le soufre. Les quais des petites stations de chemin de fer voisines des centres d'exploitation sont encombrées de cubes jaunes cristallisés. On forme des convois de trente ou quarante mules, chacune portant deux énormes pierres de soufre, et, après quelques heures de marche dans des sentiers rocheux coupés de ruisseaux qu'il faut franchir à gué, la caravane arrive à la gare d'expédition. Les mules sont admirablement dressées ; elles se présentent d'elles-mêmes devant la plate-forme où a lieu le déchargement, font un demi-tour sur les hanches quand on les a délivrées de la moitié de leur fardeau, et vont ensuite reprendre leur rang dans le convoi, en secouant d'un air satisfait leurs longues oreilles.

Il est intéressant de visiter une mine. Dans le flanc de petits mamelons grisâtres faits d'argile et de calcaire sulfureux, a été creusé un large puits oblique dans lequel on descend par des marches taillées dans le roc. Il fait une chaleur d'étuve assez semblable à celle des *Bains de Néron*, bien connus des touristes qui excursionnent dans le golfe de Naples, et des émanations nauséabondes rendent la respiration difficile. Des équipes d'enfants à demi nus, portant sur la tête de lourds paniers chargés de minerai, vous croisent dans l'escalier, et rien n'est horrible comme le spectacle de ces martyrs au teint jaune, aux yeux hagards, maigres comme des squelettes, inondés de sueur, qui escaladent péniblement les degrés trop hauts pour leurs petites jambes.

A la lueur vacillante d'une lampe, nous descendons lentement dans le puits, courbés, prenant un point d'appui sur la voûte. Les marches sont irrégulières, tantôt humides, tantôt sèches, avec des arêtes vives. Dans le fond, de petites lampes éclairent un groupe de *carusi*, écrasés sous le poids de leur charge. Nous percevons des lamentations, des râles douloureux : ce sont ces pauvres petits qui toussent, qui gémissent, trébuchent, tombent, se relèvent et reprennent l'ascension de leur calvaire, car derrière eux marche le *picconiere*, armé d'un bâton ferré, qui les pique comme des ânes lorsqu'ils ralentissent leur allure, ou leur brûle les mollets avec sa lampe fumeuse.

J'ai déjà noté, en diverses circonstances, cette exploitation de l'enfance, qui est abominable en Sicile ; aux portes mêmes de Palerme, les entrepreneurs chargés de l'établissement du funiculaire qui doit conduire à la grotte de Sainte-Rosalie, n'emploient que des enfants aux travaux de déblaiement. Le sang sarrasin qui coule dans leurs veines a singulièrement endurci le cœur des Siciliens...

Les minerais extraits du puits sont amoncelés en tas coniques ; au milieu, est aménagé un trou cylindrique par lequel on met le feu. L'incendie se propage lentement ; les pierres entrent en fusion, dégageant d'âcres vapeurs qui vous saisissent à la gorge, vous oppressent et piquent douloureusement les yeux, puis un ruisseau ambré sourd du monticule ; on le capte dans un petit canal qui aboutit à des cuves où il est de nouveau traité, et le soufre se solidifie finalement dans des boîtes en bois qui lui donnent la forme de grosses tablettes de chocolat à base rectangulaire.

Les procédés de production sont, comme on voit, assez rudimentaires, et les propriétaires de mines doivent compter sur l'inépuisable richesse du sol volcanique qu'ils exploitent, pour ne tirer aucun parti des résidus et des gaz sulfureux qui se consument à l'air libre.

Quand les machines d'extraction, dont plusieurs spécimens figuraient à l'Exposition palermitaine, fonctionneront dans les mines et quand le réseau ferré sera complété, la production s'accroîtra dans des proportions considérables. Déjà en 1880, les solfatares de la Sicile produisaient plus des deux tiers du stock nécessaire à l'Europe :

260,000 tonnes environ, d'une valeur de 34 millions de francs.

D'après les calculs des ingénieurs, les gisements de soufre connus dans l'île contiennent encore de quarante à cinquante millions de tonnes, c'est-à-dire qu'en conservant leur taux moyen de production, les filons ne seraient pas épuisés dans deux siècles.

« Le sel gemme, qui se trouve dans les mêmes formations que le soufre, suffirait aux besoins de l'Europe pendant un espace de temps bien plus considérable encore, car, dans le centre de l'île, des collines entières sont composées de ce minéral ; mais le sel n'est point une substance rare, et, sur ses côtes mêmes, la Sicile possède des plages très étendues où les sauniers n'ont qu'à ramasser en tas les cristaux fournis gratuitement par la Méditerranée. A l'extrémité occidentale de l'île, Trapani possède un vaste territoire entièrement composé de marais salants, alternativement inondés et blancs de sel ; les navires de Norwège et de Suède viennent y prendre leurs chargements. C'est aussi dans les parages de Trapani que la mer fait croître, pour les pêcheurs, le meilleur corail des côtes siciliennes. Les thons, dont la pêche a beaucoup plus d'importance, viennent surtout se faire prendre dans les grandes baies qui découpent le littoral entre Palerme et Trapani, tandis que l'espadon se capture dans le détroit de Messine. Les mers de Sicile sont fort poissonneuses, et les insulaires se vantent d'être les pêcheurs les plus habiles de la Méditerranée occidentale (1). »

Je n'ai vu à Palerme aucune manufacture de tissus de papier, aucune verrerie ; il n'y a qu'un établissement métallurgique important : la fonderie Oretea, de la maison Florio.

Messine « la Noble » et Palerme « l'Heureuse » sont les deux grands ports maritimes de la Sicile. Messine est l'étape nécessaire de tous les paquebots qui desservent l'Europe occidentale et les contrées d'Orient ; sa rade, où les plus grands bâtiments peuvent, par tous les temps, entrer sans danger, contribue à en faire une place importante de transit. Palerme est surtout un entrepôt commercial pour les produits de l'île et le principal centre d'émigration et d'exportation.

Le mouvement de navires des deux cités est du reste à peu près équivalent, et correspond à environ 1.500.000 tonnes de marchandises.

En 1889, malgré les débuts de la crise sur les vins, le port de Palerme reçut la visite de 1.884 voiliers italiens, jaugeant 92.751 tonneaux, et 29 voiliers étrangers, de 6.496 tonn., de 1.188 vapeurs italiens, jaugeant 715.309, et 507 grands vapeurs étrangers, d'un tonnage de 521.831 tonn.

---

1. *Nouvelle Géographie universelle*, par Élisée Reclus, t. I, p. 550.

D'après une statistique comparée qui remonte à 1873, année moyenne, treize ports des côtes siciliennes avaient un mouvement de navigation de plus de 70.000 tonneaux.

Messine.	1.648.650 tonneaux.
Palerme.	1.507.000 »
Catane	535.750 »
Trapani	368.000 »
Porto Empédocle. . . .	307.150 »
Licata	195.000 »
Syracuse	180.000 »
Terranova	111.900 »
Marsala	104.000 »
Sciacca	88.000 »
Milazzo	85.000 »
Cefalù	70.600 »
Riposto	70.200 »

Et le total général, en comprenant le mouvement commercial des îles Éoliennes et des Égades, atteignait six millions de tonnes.

La marine marchande française, à peine représentée sur les côtes trinacriennes, aurait intérêt à fréquenter Palerme et à y organiser des services d'exportation et d'émigration pour l'Amérique. Un fait donne idée du peu d'initiative des indigènes et des Italiens. L'île ne possède pas de mines de charbon, et tout le stock que consomme la flotte de la *Compagnie de Navigation générale italienne*, dont un des sièges sociaux est à Palerme, est transporté d'Angleterre *sur des navires anglais.*

Ce n'est pas sans regrets qu'on s'éloigne de cette île ensoleillée, de ce ciel pur teinté dans les lointains de légères vapeurs blanches, et de cette mer où se reflète en foncé le bleu du firmament.

Quelle terre prédispose mieux à la rêverie, à l'admiration passionnée de la nature !

Montagnoli intermitti da vaddati,
Rocchi di lippu e areddara vistuti,
Caduti d'acqui chiari inurguitati,
Vattali murmuranti e stagni muti ;

Vansi e cunzarri scuri ad imbuscati,
Sterili junchi e jinestri ciuruti,
Trunchi da lunghi età malisbarrati
Grutti e lambrichi d'acqui già impitruti ;

Passari sulitari chi chianciti,
Ecu chi ascuti tutti e poi ripeti,
Ulmi abbrazzati striti da li viti ;

> *Vapuri taciturni, umbri segreti,*
> *Pritiri tranquillissimi accugghiti*
> *L'amicu di la pace e. la quieti (1).*

J'ai condensé de mon mieux les sensations éprouvées au cours d'un voyage de plusieurs mois à travers la Sicile, mais je ne prétends pas avoir fait une étude complète de cette « Perle de la Méditerranée », berceau d'artistes et de héros, chantée par les poètes les plus inspirés, décrite par les écrivains les plus illustres. Qu'il me suffise d'avoir, en parcourant les ruines d'Agrigente et de Syracuse, évoqué les souvenirs de tant de grandes choses mortes ; d'avoir contemplé, au sommet de l'Etna, sur les plages de Taormina et d'Aci Reale, au faîte des plateaux trinacriens, des paysages sublimes, délicieux, sauvages, que le soleil revêt d'un radieux coloris ; d'avoir admiré ces monuments si bien conservés, ruisselants de lumière avec leurs plafonds d'or, de l'art bizantin du XIIᵉ siècle.

Je conseille sincèrement aux Français qui parcourent

---

1. « Petites montagnes coupées de vallons, rochers vêtus de lierre et de mousse, cascades d'eau pure argentée, ruisseaux murmurants et lacs muets ;

» Cimes escarpées et ravins ténébreux, joncs stériles et genêts en fleurs, arbres antiques croulant de vieillesse et grottes où les gouttelettes d'eau se pétrifient avant de tomber ;

» Passereaux solitaires qui chantez, écho qui écoutez et répétez tous les sons, ormes que les vignes embrassent et étreignent ;

» Et vous, nuées mélancoliques, ombrages mystérieux, accueillez dans vos silencieux asiles l'ami de la paix et du repos. » (MELI, *Buccolica*, Sonetu I.)

l'Italie de franchir le détroit de Messine. Mais qu'ils se hâtent, car la Révolution qui couve dans l'île finira bien par éclater.

Les églises siciliennes valent celles de Rome ; le théâtre grec de Syracuse est autrement grandiose que le théâtre romain de Pompéi ; le Stromboli lance toujours vers le firmament ses charges de pierres éclairées de flammes rouges, et le cratère de l'Etna dépasse de 2.000 mètres le cône si vanté du Vésuve.

TABLE DES GRAVURES.

www.ingramcontent.com/pod-product-compliance
Ingram Content Group UK Ltd.
Pitfield, Milton Keynes, MK11 3LW, UK
UKHW021051150726
13693UKWH00007B/281